Helmut Jaschke

Jesus, der Mystiker

Matthias-Grünewald-Verlag · Mainz

Für Joseph Sauer, den Freund und Begründer des Geistlichen
Zentrums Sasbach

 Der Matthias-Grünewald-Verlag ist Mitglied
der Verlagsgruppe engagement

2. Auflage 2001

Umschlag: Thomas & Thomas Design, Heidesheim
Abbildung: © Sieger Köder, Verklärung
Satz: OnLine DTP-Service Eckstein & Co. KG, Nierstein/Rh.
Druck und Bindung: Fuldaer Verlagsanstalt

ISBN 3-7867-2242-0

Inhalt

0. Hinführung

0.1 Die Fragestellung

Es gibt Worte, die brauchen lange, sehr lange, bis sie in ihrer Tragweite erkannt sind. Und es scheint, dass die Angst, sie könnten so weit tragen, dass einem Hören und Sehen vergeht, verhindert, dass solche Worte wirklich bis zu Ende gehört und verstanden werden. Zu diesen Worten gehört zweifellos der inzwischen schon viel zitierte Satz von Karl Rahner: *Der Christ der Zukunft wird ein Mystiker sein oder er wird überhaupt nicht sein.* Einer, der sich diesem Satz in besonderer Weise seit langem verpflichtet weiß, Eugen Biser, schreibt darüber:

„Das Rahnerwort gehört zu jenen ‚bewegenden Formeln', die sich als Saatkörner kommender Ernte erweisen und als solche darauf warten, in ihrem Vollsinn erst noch entdeckt und womöglich sogar zum Prinzip neuer Denk- und Lebensformen erhoben zu werden" (Der inwendige Lehrer, München 1993, 13). Zu dieser noch ausstehenden Entdeckung gehört, dass Jesus, der *Christus*, endlich *selbst* als Mystiker erlebbar wird. Wie denn sollte der Christ ein Mystiker und das Christentum eine „mystische Religion" sein, wenn ihr Ursprung ein rastloser Wanderheiler, ein erstaunlicher Schriftgelehrter oder ein zur Umkehr rufender Prophet war?

In einem vielbeachteten Gespräch zwischen dem Benediktinerpater David Steindl-Rast und dem Physiker Fritjof Capra über religiöse und naturwissenschaftliche Erfahrung antwortete Steindl-Rast auf die Frage nach dem spezifisch Christlichen:

Entscheidend dafür ist wohl die religiöse Erfahrung von Jesus selbst. Alles geht zurück auf jenen besonderen Menschen, den man meiner Meinung nach nur als Mystiker verstehen kann.[1]

Dieses Buch will eine Lesehilfe sein, Jesus als Mystiker zu verstehen. Denn so viele gute Bücher bereits über Jesus, die Jesusmystik und christliche Mystik überhaupt geschrieben wurden: Jesus konsequent von seiner mystischen Erfahrung her zu verstehen, ist bisher – so weit ich sehe – noch nicht unternommen worden.

Es ist das Verdienst von Eugen Biser, mit Nachdruck immer wieder als Wesen des Christlichen das *Gottesbild Jesu* herausgestellt zu haben, das sich von dem aller ihm vorausgehenden Gottesrufer darin unterscheidet, dass es *eindeutig* ist: Gott ist nicht der zugleich strafende und barmherzige Gott, sondern er ist wie der Vater im Gleichnis vom verlorenen Sohn (Lk 15). Jede Ambivalenz, die den Menschen zwischen Angst und Hoffnung hin und her wirft, ob Gott denn ein rächender oder erbarmender sei, ist aus dem Gottesbild Jesu entfernt.

Doch, wie Biser selbst neuerdings wieder betroffen feststellte[2], stellt sich dieser frohen Botschaft allenthalben ein Chor von Stimmen entgegen, die eine solche Eindeutigkeit mit Nachdruck ablehnen, weil mit ihr dem Christentum sein Ernst genommen sei. Für diese ist es unverzichtbar, dass Gott Richter und Jesus deshalb auch der Weltenrichter ist, vor dem alle die zu zittern hätten, die sich nicht an die Gebote halten. Jeder Auslegung der Botschaft Jesu in dem Sinn, dass Jesus die Gerichtspredigt Johannes des Täufers nicht übernommen, sondern im oben dargestellten Sinn korrigiert habe, treten sie mit dem Argument entgegen, dass die Gerichtspredigt sehr wohl zum unverzichtbaren, authentischen Schatz der Jesusbotschaft gehöre, so sehr sie auch andere Akzente als der Täufer haben mag. Eine vor einigen Jahren zu diesem Thema erschienene exegetische Untersuchung von Marius Reiser scheint denn auch diese Meinung zu bestätigen und detailliert zu begründen.

Dazu kommt, dass ich bei Vorträgen oder Gesprächen, die Jesu neue Gotteserfahrung zum Inhalt haben, immer wieder darauf angesprochen werde, dass doch auch Jesus die Hölle gepredigt habe. Von meiner eigenen Erfahrung als Therapeut her kann ich die Überzeugung des Freiburger Psychologen Franz Buggle, man könne mit dem „inhumanen" biblischen Gottesbild nicht länger ehrlicherweise Christ sein, nicht einfach als üble Polemik abtun, sondern muss zeigen, dass die Bibel nicht schuld daran ist, wenn ihre Gottes*bilder* zu einer Gottes*lehre* gemacht wurden, die schon Kindern als „Glaubensinhalt" indoktriniert wurde (vgl. 0. 2).

Aus all dem erwächst eine dreifache Aufgabe, wenn das Christentum als mystische Religion wirklich in der Person Jesu, des Christus, selbst begründet werden soll:

Zunächst ist nach den tieferen *Motiven* zu fragen, die jenem Protest gegen eine Eliminierung der Gerichtsbotschaft Jesu zugrunde liegen. Denn sie bestimmen auch die Auslegung der Texte und machen zugleich deutlich, warum die mystische Dimension der Jesusbotschaft von Anfang an unterdrückt wurde. Mit Recht stellt Eugen Biser als ein entscheidendes Motiv der Ablehnung Jesu dessen „Abkehr vom Gott der Rache und des Gerichts zu Gunsten jenes ‚neuen Gottes', zu dem er sich mit seiner Abba-Anrede bekennt", heraus. Denn er verlangte von seinen Hörern, „auf die ihnen geläufige Strafandrohung zu verzichten und in die Unscheinbarkeit dieses Heilsbringers einzuwilligen" (Der inwendige Lehrer, 79). Warum dieser Verzicht nicht gelingen will, das wird aber erst dann deutlich, wenn wir den Zusammenhang von Religion und Triebbeherrschung, bzw. Triebbeherrschung und Strafdrohung ins Auge gefasst haben (1.)

Sodann muss in einem exegetischen Teil gezeigt werden, dass der Stand der heutigen Forschung unzweifelhaft alle Gerichtstexte des Neuen Testaments als Ausdruck urchristlicher Jesusdeutung (unter dem Eindruck massiven Widerstandes gegen die Mission) erweist. Kein einziger von ihnen kann mit guten Gründen dem historischen Jesus selbst zugeschrieben werden (2.)

Erst dann ist der Weg frei, um dem Jesus zu begegnen, der einzig aus einer tiefen Einheit mit Gott, den er als *Vater* erlebt, menschliches Dasein als reines *Seindürfen* lebt und als nicht zu verdienendes Geschenk an andere weitergibt.

Die *Begierde* aber muss nicht länger durch Straf- und Gerichtsdrohung niedergehalten werden, sondern zeigt sich in ihrer eigentlichen Dynamik als das unendliche Verlangen nach *Leben*.

Nur von einem Jesus her, der selbst in erster Linie Mystiker war, lässt sich eine „Mystagogie mitten in der Welt" begründen[3] und ist dem Christen der Zukunft, wie Rahner ihn sieht, eine Chance gegeben(3.)

0.2 Der Vorwurf von Franz Buggle

Im Jahr 1992 legte der Freiburger Ordinarius für Klinische und Entwicklungspsychologie Franz Buggle ein über 400 Seiten starkes Buch vor, in dem er mit ausgiebigen Zitaten seine Überzeugung untermauerte, dass die Bibel ein zutiefst gewalttätig-inhumanes Buch ist und das Gottesbild der Bibel eine humane Ethik nicht begründen kann.[4]

Der Autor sah sich zu diesem ungewöhnlichen Schritt nicht zuletzt deshalb gezwungen, weil er als Psychologe die zum Teil verheerenden Folgen frühkindlicher Indoktrination mit Bibeltexten vor sich sah:

> *Es ist a priori von allen Kenntnissen her, die wir über die Entstehung psychischer Störungen und psychischen Leidens haben, mehr als plausibel und durch unzählige Einzelschicksale zu belegen, wie zentrale Inhalte biblischer Religiosität (...), zu Ende gedacht, sich als erdrückende Last gerade auf konsequent denkende gläubige Menschen legen können ... Die folgenden Darstellungen sollen nicht zuletzt diese biblisch-christlichen Quellen psychischer Störungen ohne Tabu und mit aller gebotenen Deutlichkeit darlegen.(S. 9)*

Soweit ich sehe, wird Buggles Buch von Theologen totgeschwiegen oder als böswillige Polemik abgetan. Eine Ausnahme macht hierbei nur Eugen Drewermann, der das Anliegen Buggles ernst nimmt. Das Argument, welches die Theologen ins Feld führen, um Buggles Buch kurzerhand vom Tisch zu fegen, ist, dass man die von Buggle zitierten Texte ganz anders verstehen müsse, sein Vorwurf eines inhumanen Gottesbildes somit auf bloßer Ignoranz beruhe.

Mir ist dieser Einwand, der den Autor disqualifizieren soll, selbst vertraut, nachdem ich in meinem (auch weithin totgeschwiegenen) Buch „Dunkle Gottesbilder"[5] ebenfalls alttestamentliche Texte als Beleg für angsterzeugende Gottesbilder zitiert habe, woraufhin ich von dem Alttestamentler Erich Zenger als abschreckendes Beispiel antijüdischer Schriftauslegung die Ehre hatte, genannt zu werden.[6]

Es ist schwer zu entscheiden, ob die Bibeltheologen die völlig andere Fragestellung nicht begreifen oder nicht verstehen wollen. Das ist um so unverständlicher, als inzwischen die Tatsache, dass Texte nur das bedeuten, was die LeserInnen und wie sie sie verstehen, inzwischen auch die Theologen erreicht haben könnte.[7] Denn es geht nicht um die „richtige" Interpretation von Texten, sondern um die *Wirkung*, welche die Texte auf die LeserInnen in ihrer je eigenen Lebenssituation hatten bzw. haben.

Man muss aus dem von Buggle dargestellten Befund nicht unbedingt denselben Schluss ziehen wie er, dass man „redlicherweise nicht mehr Christ sein kann". Man muss aber anerkennen oder doch wenigstens zur Kenntnis nehmen, dass die Gottesbilder der Bibel so nicht einfach vom heutigen Menschen übernommen werden können, sondern Erfahrungen von Menschen „religiös" interpretieren. Diese können aber durchaus auch anders gedeutet werden.

Sie sind zeit- und situationsbedingt und der Versuch des Volkes Israel und der ersten christlichen Gruppen, ihrem Erleben einen Sinn abzugewinnen. Das Verhängnis beginnt erst dort, wo die biblischen Gottes*bilder* eben nicht mehr als menschliche

Vorstellungen, sondern als Aussagen darüber angesehen werden, wie Gott ist, und diese Aussagen den „Gläubigen" als unbedingte, unveränderliche „Wahrheiten" indoktriniert werden. Somit ist der richtige Umgang mit der Bibel gefragt, der damit beginnt, dass schon den Kindern die biblischen Texte im oben angedeuteten Sinn vorgestellt und im *Gespräch* mit ihnen ihre *Fragen* ernst genommen werden. Sie sollen nicht das Gottesbild der damaligen Menschen übernehmen, sondern angeregt werden, ihre eigenen Vorstellungen in Auseinandersetzung damit zu bilden.

Ist Jesus wirklich nur zu sehen in der Reihe der alttestamentlichen Propheten wie heute viele Theologen betonen, um jeden Verdacht eines Antijudaismus beim Sprechen über Jesus zu vermeiden? Hat auch er „die Hölle gepredigt"?

Auch Buggle widmet diesem Thema ein eigenes Kapitel[8], und man kann nicht umhin: Wenn das stimmt, dann bringt Jesus über die damaligen Vorstellungen hinaus nichts Neues, und dem Christentum als „Erlösungsreligion" neben dem Judentum wäre der Boden entzogen.

Zu zeigen, dass die entsprechenden Drohtexte der Evangelien, die auch Buggle zitiert, *nicht auf Jesus zurückgehen*, ist deshalb keine Nebensächlichkeit, sondern trifft die Mitte des christlichen Glaubens. Es lohnt deshalb meines Erachtens jede Mühe, dies überzeugend deutlich zu machen: nicht nur, um zu verhindern, dass auch in Zukunft biblische Gottesvorstellungen Menschen seelisch krank machen können, sondern auch darum, weil die Zukunft des christlichen Glaubens davon überhaupt abhängt. Dabei ist Buggle unbedingt Recht zu geben, dass ein Christentum, das Grausamkeit, Rache und Strafsadismus als gültige „Prädikate" des von ihm verkündeten Gottes gelten lässt, keine Zukunft haben darf!

0.3 Das Gottesbild Jesu als Wesensmerkmal des Christlichen

Es ist vor allem das Verdienst von Eugen Biser, die Unterscheidung des Christlichen in der ihm eigenen gründlichen Art und
Weise herausgearbeitet zu haben. Dabei lässt er keinen Zweifel
daran, dass einzig das *neue* Gottesbild Jesu das Wesen des Christentums ausmacht.

In seiner 1997 erschienenen „Einweisung ins Christentum"[9]
entfaltet er die durch die „Identitätskrise" des Christentums aus-
gelösten Fragen auf breitem Raum, um dafür zu plädieren, dass
Kirchen und Theologie sich wieder auf die Mitte konzentrieren,
die nur Jesus und die von ihm verkündete und gelebte Gotteserfahrung sein kann.

Scharfsinnig benennt er die Verformungen der Intention Jesu
schon im frühen Christentum, den Hang zum Asketismus und
vor allem die Moralisierung der Botschaft, welche die Gewichte
in verhängnisvoller Weise verschob. Mit Recht sieht er die Krise
des Christentums darin begründet, dass sie an einem vergange-
nen Menschenbild festhält und so den heutigen Menschen gar
nicht mehr erreichen kann:

> Sie [die kirchliche Theologie] *sieht ihn von einem unbändi-
> gen Lebenswillen getragen und von ungezügelten Leidenschaf-
> ten umgetrieben, sodass er im Interesse seiner höheren Ver-
> menschlichung an die Zügel genommen und auf die vom gött-
> lichen und kirchlichen Gesetz umschriebenen Normen ver-
> pflichtet werden muss. Doch in diesem Bild kann sich der un-
> ter den Bedingungen der gegenwärtigen Lebenswelt existieren-
> de Zeitgenosse schwerlich wieder erkennen. (S. 15)*

Dem entspricht, dass die kirchenamtliche Theologie und Verkündigung, statt dem von Lebensangst und Selbstzweifeln ge-
plagten Menschen Hilfen anzubieten, ihn erst recht noch mit
einem „Geist der Schwere" bedrückt, indem sie suggeriert,

> *dass das Schicksal der Christenheit mit der Annäherung an
> die Jahrtausendwende in eine apokalyptische Engführung ge-*

15

rate, dass die unter dem Eindruck des großen Aufbruchs [sc.
des Zweiten Vatikanischen Konzils] *ungebührlich in den Hintergrund gedrängten Motive des göttlichen Zornes, der Drohung und des Gerichts wieder entdeckt und neu zur Geltung gebracht werden müssten.*

Biser spricht von einer geradezu „um sich greifenden Obsession",
der sich auch prominente Theologen und Kirchenführer zur Verfügung stellen:

*Sie sprechen auf kerygmatisch-spekulativem Niveau aus, was
das resignative Lebensgefühl des Kirchenvolkes dumpf empfindet, sei es, dass sie auf den angeblich unverzichtbaren Drohaspekt des Evangeliums abheben (Meisner) oder dass sie der
nachkonziliaren Verkündigung vorwerfen, sie habe Jesus auf
bedenkliche Weise „halbiert", wenn sie ihn nur noch als den
„menschenfreundlichen Therapeuten" und nicht mehr als jenen „drohenden Apokalyptiker" herausstelle, der doch bei aller Menschenfreundlichkeit „auch vom Heulen und Zähneknirschen" gesprochen habe (METZ). (S. 243)*

Demgegenüber macht Biser deutlich, dass eine solche „Theologie" Gott lediglich den „zwischen euphorischen Höhen und depressiven Tiefen schwankenden Selbstgefühl des Menschen"
und damit seiner hin- und hergerissenen Lebenserfahrung
anpasst. Und so unternimmt er es herauszuarbeiten, dass Jesus
ein Gottesbild „erlitten wie erkämpft hat", das die auch dem alttestamentlichen Gottesbild anhaftende Ambivalenz zu Gunsten
einer klaren *Eindeutigkeit* überwindet. Nach Biser war es Jesus
im Unterschied zu Judentum und Islam darum zu tun,

*die durch das ambivalente Gottesbild der Menschheit verdunkelte Eindeutigkeit Gottes ans Licht zu heben und durch die
Proklamation des bedingungslos liebenden Vatergottes allen
menschlichen Zerwürfnissen und Selbstzweifeln ein Ende zu
setzen. (S. 236)*

Es ist hier nicht möglich, die differenzierten und mit einem ungeheuren theologischen Wissen angereicherten Gedankengänge Bisers nachzuzeichnen. Im Folgenden werden wir nur die auch von Biser kritisch hinterfragte exegetische Untersuchung der neutestamentlichen Gerichtstexte durch Marius Reiser aufgreifen, um darzutun, dass die heutigen Ergebnisse der Bibelwissenschaft es geradezu verbieten, die fraglichen Texte Jesus zuzuschreiben. Erst dann ist der Weg frei, Jesus als Mystiker in den Blick zu bekommen.

1. Brauchen wir den Richter-Gott?

1.1 „Ohne die Angst vor dem Gericht Gottes geht es nicht!"

Warum darf die Gerichtsbotschaft aus der Verkündigung Jesu auf keinen Fall gestrichen werden?

Es sind vor allem drei Argumente, die ins Feld geführt werden und die zweifellos ihr je eigenes Gewicht haben:

1) Die biblische Botschaft von Gott darf nicht verharmlost werden. Es geht nicht an, nur von Gottes vergebender Liebe durch Jesus zu sprechen und Gottes richtendes Handeln, seinen Zorn und sein Strafgericht wegzubrechen. Das würde bedeuten, Christentum „bürgerlich" zu machen und nur noch von der billig zu habenden Gnade zu reden.

2) Es wäre schrecklich, wenn wir Menschen, um Gerechtigkeit schaffen zu müssen, nur noch auf menschliches Richten angewiesen wären. Wir Menschen sind dabei ja total überfordert. Wenn nicht Gottes Gerechtigkeit inmitten menschlicher Ungerechtigkeit durchgesetzt wird, steht es schlimm um uns. Wir machen, um uns selbst zu ent-schuldigen, die anderen zu Sündenböcken und/oder verurteilen uns selbst.

3) Letztendlich aber brauchen wir die „Gottesfurcht", um unser Leben nicht leichtsinnig zu verspielen, um den Ernst der Glaubensentscheidung nicht zu verharmlosen. So wie die Menschen nun einmal sind, würden sie ohne die Drohung mit dem Strafgericht ihren triebhaften und egoistischen Impulsen freien Lauf lassen und Gott, Mitmensch und sich selbst verfehlen.

Die Überzeugung, dass nur durch ein zu erwartendes göttliches Strafgericht das Chaos menschlicher Selbstsucht und Gewalt gebannt werden kann, durchzieht diese Argumentationskette.

Und sie wird gespeist von der Erfahrung, dass in der Gesellschaft der Ruf nach harten Strafen laut wird, wenn „Chaoten" randalieren, wenn „Gewaltverbrecher" wieder ein unschuldiges Opfer missbraucht haben, wenn sich Kinder und Jugendliche in keine Ordnung fügen wollen.

Wo kämen wir hin, wenn nicht mindestens durch die Androhung drakonischer Strafen der Versuch gemacht würde, dem Unheil zu wehren?

Liegt es da nicht allzu nahe, dieses für diese Welt „jenseits von Eden" geltende Denk- und Handlungsmuster auch auf Gott zu übertragen, in der Hoffnung, dass man bei diesem Richter wenigstens sicher sein kann, dass er wirklich gerecht ist? Und: Was sollte denn sonst den Menschen retten vor seinem eigenen triebhaften Egoismus, wenn nicht die Angst vor Gottes Strafe? In klassischer Weise hat dies bereits Augustinus in seinen „Bekenntnissen" formuliert:

> *„Dir sei Dank, dir sei Ruhm, du Quell der Erbarmung! Elender ward ich – du mir näher. Nun um Nun war sie da, deine Rechte, mich dem Schmutze zu entreißen und zu waschen, und ich wusste es nicht. Und noch tiefer mich dem Pfuhl der Fleischeslust zu überlassen, davor bewahrte mich allein die Furcht vor dem Tode, die Furcht vor deinem kommenden Gericht, die mir doch nie, bei allem Wechsel der Weltbetrachtung, aus der Brust gewichen ist."[10]*

Das Christentum von Jahrhunderten baut auf diesem Satz auf. Die Angst, im Gericht auf der falschen Seite zu stehen, der Sünden wegen des „Heils" nicht teilhaftig, sondern verworfen zu werden, bildet ihr dogmatisches und pädagogisches Rückgrat. Einen Gott, der bei aller Barmherzigkeit eben auch „gerecht" in dem Sinn ist, dass er die Sünder bestraft, aus dem christlichen Denken und Fühlen herauszubrechen, bedeutet das Ende des kirchlich verfassten Christentums.

Das Christentum mit diesem Gottesbild und den kirchlichen „Heilmitteln", insbesondere der „Beichte", gegen die verheerenden Begierden zu rechtfertigen und argumentativ zu stützen, ist deshalb für viele Theologen und Seelsorger eine vordringliche Aufgabe an der Schwelle zum dritten Jahrtausend. Anderenfalls können sie nur das Schlimmste befürchten.

Es lohnt sich deshalb, diese Argumente noch genauer anzuschauen und den tiefen Ernst zu würdigen, der sie trägt. Ich wähle dazu einen Autor, der ganz sicher nicht zu den „konservativen" Theologen zu rechnen ist, sondern der sehr wohl um den Missbrauch kirchlicher Angstmacherei und Höllendrohungen weiß und sie unbedingt ablehnt.

Für Gotthard Fuchs geht es darum, die „christliche Kunst, sich recht ängstigen zu lernen", um einerseits den drohenden (und verhängnisvollen) „Gerichtsverlust", andererseits die falsche Angst, die „Heidenangst", zu vermeiden.[11]

Wo Gott als oberster Richter entfällt, fällt nach Fuchs die ganze Last für Recht und Rechtsprechung auf den Menschen zurück. Dem aber fehlen die letzten Motive und Maßstäbe, sodass er zwischen den Extremen von „depressiver Selbsthinrichtung und grandioser Alles-Beurteilung gefangen" bleibt (S. 162). Zweifellos hat Fuchs Recht, wenn er Rechtsprechung und Gericht für das Zusammenleben der Menschen für unverzichtbar hält. Dagegen halte ich seine Parallelisierung von Gericht und Konfrontation (z.B. in der Therapie), auf die das „Geständnistier" Mensch (M. Foucault) angewiesen sei, für fragwürdig. Wollte sich ein Therapeut zum Richter aufspielen, wenn er einen Klienten konfrontiert, dann wäre dies grundfalsch. Konfrontation dient der Selbsterkenntnis des Klienten, und nur ihr!

Bedrückend ist aber, dass der Autor zwar feststellt, dass die kirchliche Rede von Gottes Gericht viel Missverständnis, Störung und Zerstörung in den Seelen angerichtet hat, dennoch aber daran festhält, dass Gott als letzte Instanz der Gerichtsbarkeit gelten müsse. So viele Beispiele es dafür geben mag, dass menschliche Gerichtsbarkeit versagt und der Mensch überfordert ist, wenn es gilt, Gerechtigkeit walten zu lassen: Die Lösung kann nicht in einer göttlichen Gerichtsinstanz gesucht werden. Die auch von Fuchs gescholtene menschliche Vernunft, vor die Richten und Gericht gebracht werden, muss da schon alleine zurechtkommen.

Wenn die Rede von Gott den Tun-Ergehenszusammenhang, die Logik von Vergehen und Strafe, der für menschliches Richten unverzichtbar ist(!), nicht *durchbricht*, dann *müssen* die von Fuchs beklagten destruktiven Konsequenzen in den Seelen der Menschen entstehen.

Alles gut gemeinte Reden darüber, wie anders es ist, vor dem Gericht Gottes, vor seinem Angesicht zu stehen, ist da nur Schall und Rauch, weil die Angst vor Verurteilung und Strafe *zwangsläufig* auf Gott übertragen wird und dann „übermenschliche" Dimensionen erhält.

Welchen Trost soll denn in diesem Zusammenhang die Feststellung beinhalten, dass Gottes Gericht „in der Begegnung mit Jesus zur Offenbarung seiner rettenden, vergebenden und aufrichtenden Liebe" wird, wenn gleich darauf festgestellt wird:

Dementsprechend ist Gottes richtendes Handeln als sein Zorn, als sein Strafgericht dort offenbar, wo Jesu Wirken abgelehnt wird. Aber selbst solcher Zorn Gottes ist Explikat seiner gerecht machenden und Gerechtigkeit schaffenden universalen Liebe.

Wer – außer den Theologen, die so argumentieren – ist denn so sicher, dass er Jesu Wirken wirklich bejaht[12], so dass ihn der „Zorn" nicht treffen kann? Wer kann denn so inbrünstig davon reden, dass Gott als Richter auf der Seite der Opfer steht und den Täter-Opfer-Zusammenhang offen entlarven werde? Doch nur der, der sich selbst nicht als Täter fühlt.

Und haben wir das nicht schon als Kinder gehört, aber niemals nachvollziehen können, dass wir „nur aus Liebe" gestraft werden, dass es Vater „nur gut meint", wenn er uns schlug? Und nun soll diese Schizophrenie auch Gott gegenüber gelten? Lässt man, wofür es gute Gründe gibt, im pädagogischen Bereich gelten, dass die Angst vor Strafe zur Disziplinierung notwendig ist, und überträgt man dieses Modell auf die Beziehung zwischen Gott und den Menschen, dann freilich ist es nur konsequent, die Angst vor Gott als notwendig zu erachten:

Angst als Gottesfurcht, ja als Gottesschrecken gehört wesentlich zu solcher Begegnung – zu groß ist die Gefahr, das Leben zu verspielen und den Ernst der Glaubensentscheidung zu verharmlosen ... (164)

Eine *Glaubensentscheidung* aus Angst vor Gott? Kann es das wirklich sein? Ganz sicher ist es das auch für Fuchs nicht. Aber er glaubt die Gerichtsbotschaft als zentralen Aspekt der christlichen Botschaft festhalten zu müssen: Einmal, weil die Verhältnisse menschlichen Zusammenlebens „zu widersprüchlich, zu gewaltförmig, zu sündig" sind und deshalb „der Gerechtigkeitsbedarf" zu groß ist (S. 166); sodann, weil sonst die Gefahr zu groß ist, „das Leben zu verspielen" (S. 164). Beide Diagnosen sind zweifellos richtig und wichtig.

Es fragt sich nur, ob der Gottesglaube dazu taugt, eine endgültige Gerechtigkeit zu erhoffen, die auf Erden nicht herstellbar ist; und ob die Gerichtsbotschaft der geeignete sprachliche Ausdruck dafür ist, was Fuchs wirklich sagen will: dass das Leben nicht leichtfertig vertan wird, sondern verantwortet werden muss. Ist das, was Jesus dazu zu sagen hat, tatsächlich mit der Angst vor dem Strafgericht richtig benannt? Oder hat er erkannt, dass es dazu einer anderen Dimension der Mensch-Gott-Beziehung bedarf, die aus dem tief verinnerlichten Tat-Ergehen-Schema herausführt?

1.2 Richter-Gott und Triebbeherrschung

„‚Halb Engel, halb Tier', wie Blaise Pascal es formuliert hat, ist Dalí sein Leben lang und in seinem gesamten Werk vom Sexuellen ebenso besessen wie von seiner Suche nach dem Absoluten: ‚Als ich zum ersten Mal die rasierte Achselhöhle einer Frau sah, habe ich den Himmel gesucht; als ich mit meiner Krücke den verwesten und von Würmern wimmelnden Überrest meines gestorbenen Igels umdrehte, habe ich den Himmel gesucht … Zur Stunde habe ich den Glauben noch nicht, und ich fürchte, ohne den Himmel sterben zu müssen.'" Mit diesen Sätzen, die ein autobiografisches Zeugnis des Künstlers einschließen, stellt Robert Descharnes in seiner imponierenden Darstellung Salvador Dali den Lesern vor.[13]

Kann man das, was den Menschen bewegt, präziser bezeichnen? Fast unwillkürlich kommen einem die Erlebnisse des jungen Siddharta Gautama, genannt Buddha, in den Sinn:

Obwohl ich sehr verwöhnt war, kam mir der Gedanke: ‚Wenngleich der gewöhnliche, weltlich-denkende Mensch selbst dem Alter, der Krankheit, dem Tode unterworfen ist, fühlt er doch Widerwillen, wenn er einen anderen gealtert, krank oder als Toten sieht. Auch ich bin so, und das ist meiner nicht würdig.' Als ich das bedachte, schwand mir alle Freude an Jugend, Gesundheit und Leben … Da dachte ich: ‚Wie wenn ich, der ich das Übel von Alter, Krankheit und Tod erkannt habe, nach dem suchen würde, was von ihnen frei ist, nach dem höchsten Frieden, nach dem Nirwana?'[14]

Die *Begierde*, der Hunger nach Leben, soll im Buddhismus bekanntlich durch die Übung des achtfachen Pfades überwunden werden, um, von ihr endgültig *befreit*, ins Nirwana eingehen zu können. Das ist die Lösung der östlichen Weisheit, die heute auch im Westen immer mehr Menschen fasziniert. Prägend aber, weil über fast dreitausend Jahre verinnerlicht, ist der Versuch der jüdisch-christlichen Religion, die Begierde durch moralische Gebote in den Griff zu bekommen, um so in den Himmel zu gelangen.

1.21 Begierde und Religion

Es ist vor allem das Vermächtnis des *Paulus* und seines eifrigsten „Schülers" Aurelius *Augustinus*, dass der Begierde und ihrer Überwindung in der christlichen Tradition ein so hoher Stellenwert eingeräumt wurde und immer noch wird. Die Folgen sind oft genug beklagt worden: Moralisierung der christlichen Botschaft, negatives Menschenbild („Sünder"), Erzeugung massiver Schuldgefühle und Angst vor göttlicher Strafe, die nur durch die von der Kirche verwalteten „Gnadenmittel" beseitigt werden können. Vor allem Augustinus verdanken wir die Einengung der Begierde auf den sexuellen Bereich, so dass generationenlang im Bewusstsein der „Gläubigen" die „Unkeuschheit" *die* schwere Sünde schlechthin war, die es um jeden Preis zu vermeiden galt, schon alleine deshalb, weil es peinlich war, sie im Beichtstuhl mit „Zahl und näheren Umständen" zu bekennen.

Dem dahinter stehenden Bild von einem Menschen, der grundsätzlich durch Willenskraft die „Sünde" meiden kann, aber wegen seiner Schwachheit zusätzlich der kirchlichen Gnadenmittel und des Gebets bedürftig ist, wird heute mit Nachdruck widersprochen. Im Gefolge des Existenzialismus wird die *Tragik* menschlichen Daseins betont, die vor allem darin besteht, mit der Tatsache des „Geworfenseins" (M. Heidegger) zwischen dem schicksalhaften Anfang des Daseins (das der Mensch nicht frei wählen kann) und dem jederzeit möglichen Ende fertig zu werden. So ist seine Grundbefindlichkeit die *Angst*, aus diesem Leben nicht Sinnvolles gestalten zu können, und das „Glück", das er irgendwie für sich ersehnt, nie zu finden.

Vollends haben die modernen Humanwissenschaften wie Biologie, Psychologie und Soziologie das tiefe Eingebundensein des Menschen in vorgegebene Zusammenhänge aufgezeigt und den freien Willen als die eigentliche Gestaltungskraft menschlichen Lebens mehr und mehr in Frage gestellt. Vor allem Biologie und Psychoanalyse haben uns gelehrt, dass unserem Wollen und Streben *Triebkräfte* zu Grunde liegen, die uns aus der Evolution als notwendige Mitgift zugewachsen sind.

Und doch wirft gerade diese Erkenntnis, dass der Mensch von Kräften bestimmt ist, die er nicht einfach ignorieren oder beliebig steuern kann, die Frage auf, wie er damit umgehen und ein menschenwürdiges Leben gestalten kann. Denn auf der Suche nach Sinn ist er ja zuerst einmal auf die Sinne verwiesen, so dass es für ihn zum zentralen Problem wird, wie er seinen „Lebenshunger" mit dem in ihm andrängenden „Begehren" so zu verbinden mag, dass er seines Lebens froh wird. Und es stellt sich die Frage, ob und inwieweit die Religion ihm dabei eine Hilfe sein kann.

Liest man die Bibel einmal unter dieser Fragestellung, dann kann man dem jüdischen Entwurf einer Antwort seinen Respekt nicht versagen. Denn hier wird mit unerbittlicher Konsequenz der „Wille Gottes" zum entscheidenden Kriterium menschlichen Verhaltens gemacht. Es ist derselbe Gott, der dem Menschen gleichzeitig sein Begehren (von Gott „geschaffen") und den richtigen Umgang damit (die Thora, bzw. das „Gesetz") gegeben hat. Im Modell einer „göttlichen Pädagogik" wird dem Menschen ein Rahmen angeboten, innerhalb dessen sein Leben gelingen soll.

Dieses Modell ist in den Grundzügen zunächst darzustellen. Es wird sich dann zeigen, dass es zwar die Vorstellung des Richter-Gottes aufrechterhält, insofern Gott als „Erzieher" über das Tun der Menschen urteilt und Lohn und Strafe festsetzt. Entscheidender ist aber, dass zugleich eine enge, juridische Auffassung aufgebrochen wird und Gottes liebende *Beziehung* zum Menschen in den Blick rückt. Das Zeugnis des Alten (Ersten) Testaments wird also herangezogen, um es als Weg zur Gotteserfahrung Jesu zu würdigen.

Wie konnte es zu diesem Entwurf von Religion kommen? Die jüdische Religion baut auf dem Bundesgedanken auf: Gott hat sich dieses Volk erwählt, hat es sich zu seinem „Eigentums-volk" gemacht und ihm mitgeteilt, wie es sich verhalten muss, um richtig zu leben. Dieser Bundesgedanke war ursprünglich analog zu den Vasallenverträgen der orientalischen Großkönige gedacht, in denen Herrscher und Volk sich in einer bestimmten Weise mit Rechten und Verpflichtungen aneinander banden. In der Folgezeit zeigte sich aber, dass dieses Modell die Gefahr in sich barg, die Beziehung Gott-Mensch als eine gegenseitige zu denken. Das aber widersprach der Überzeugung, dass es JAH-WE alleine war, der die Initiative ergriff: *Er* erwählt, und nur er diktiert die Bedingungen. Bei aller Nähe dieses Gottes zu sei-nem Volk sollte doch seine absolute Souveränität gegenüber dem Menschen gewahrt bleiben. So galt es immer wieder, dem Miss-verständnis zu wehren, als habe Israel irgendwelche Rechte, die es sozusagen einklagen könnte.

Hier bot sich nun das *Modell des Erziehers* an, der einerseits eine intime Nähe zu seinen Zöglingen hat, andererseits aber frag-los derjenige ist, der allein Autorität hat. In idealer Weise konn-ten so Nähe und „Transzendenz" Gottes miteinander festgehal-ten werden. Dazu kam noch ein anderer wichtiger Aspekt, der mit dem Erziehungsmodell gewonnen war: die Bewältigung schmerzhafter Erfahrungen. Denn wie sollten bei einem so nahe gedachten Gott, der sich ein Volk aus Liebe erwählt hat, Leid und Schmerz, ja schlimmste Katastrophen eingeordnet werden? Dies gelang nun, indem sie als „Erziehungsmittel" gedeutet wurden, mit denen Gott sein Volk straft, um es wieder auf den richtigen Weg zu bringen.

Zu den Grunddokumenten jüdischen Glaubens gehört das 5. Buch Mose, das Deuteronomium als krönender Abschluss der Thora. In ihm können wir verschiedene Stadien der Entwicklung des Bundesgedankens gut fassen. Denn Israel versuchte ihn ja immer wieder der Situation anzupassen, zu aktualisieren.[15] Ich wähle eine ältere und eine junge Schicht, um wenigstens kurz den zentralen Gedanken des Erziehungshandelns Jahwes zu belegen:

> *Werdet euch heute wieder dessen bewusst, dass Jahwe, euer Gott, euer Erzieher ist; denn nicht eure Kinder, welche die Erziehung Jahwes, eures Gottes, nicht kennen …, sondern ihr selbst habt das große Werk Jahwes gesehen, das er gewirkt hat. (Dtn 11,2.7)*
>
> *Erkenne in deinem Geist, dass so, wie ein Mann seinen Sohn erzieht, Jahwe, dein Gott, dich erzieht. Beobachte die Gebote Jahwes, deines Gottes, wandle auf seinen Wegen und fürchte ihn. (Dtn 8,5–6)*

Das Deuteronomium und die hinter ihm stehende Theologie deuten die Katastrophe des Exils als Strafe für den Ungehorsam des Volkes gegenüber Jahwes Weisungen. In dem als Abschiedsrede des Mose stilisierten Buch Deuteronomium (5. Buch Mose) erscheint diese Voraussage:

> *So wird es sein: Wenn du Jahwes, deines Gottes, vergessen solltest und hinter fremden Göttern herläufst, ihr Diener wirst und vor ihnen niederfällst, so bezeuge ich euch heute, dass ihr zu Grunde gehen werdet. Wie die Völker, die Jahwe vor euch zu Grunde gehen lässt, so werdet ihr zu Grunde gehen, weil ihr der Stimme Jahwes, eures Gottes, nicht gehorcht habt. (Dtn 8, 20)*

Götzendienst, der überlieferten Religion untreu werden, erscheint im Rahmen des Erziehungsmodells folgerichtig als *Ungehorsam*, der Strafe nach sich zieht. Die Geschichte Israels zeigt, welche Kraft in diesem Modell liegt. Wie hätte das Volk wohl anders die nationalen Katastrophen bewältigen können? Es knüpft ja auch an ganz tiefe, früh im Leben gemachte Erfahrungen an, an die der eigenen Erziehung durch die Eltern, aus der man auch – trotz schmerzlicher Strafen – einigermaßen heil davonkam. So lässt die Strafe hoffen, dass Jahwe auch wieder gnädig und aufrichtend sich zeigen wird.

Diese Überzeugungskraft hat sich ja auch nahtlos auf die jüdischen Gruppen übertragen, die sich nach Jesu Tod als die ersten christlichen Gemeinden zusammenfanden. Im Hebräerbrief, einem späten Schreiben, das aber durchaus ältere Anschauungen enthält, lesen wir:

Habt ihr die Tröstung vergessen, die zu euch wie zu Söhnen redet: Mein Sohn, achte die Zucht des Herrn nicht gering, und verliere den Mut nicht, wenn du von ihm zurechtgewiesen wirst. Denn wen der Herr lieb hat, den züchtigt er; er schlägt jeden Sohn, der ihn annimmt. Zum Zuchtmittel dient es, was ihr zu ertragen habt; wie mit Söhnen verfährt Gott mit euch; denn wo wäre ein Sohn, den der Vater nicht erzieht? Wenn ihr aber ohne Erziehung seid, an der alle teilgehabt haben, so seid ihr ja unechte Kinder, aber keine Söhne. Und dann: Unsere leiblichen Väter sind unsere Erzieher gewesen, und wir haben Achtung vor ihnen gehabt; sollen wir uns da nicht viel mehr dem Vater der Geister unterwerfen und so das Leben erlangen? Denn jene erzogen uns für wenige Tage nach ihrem Gutdünken; er aber zum Besten, damit wir an seiner Heiligkeit Anteil gewinnen. Jede Zucht erscheint zwar im Augenblick nicht als etwas Erfreuliches, sondern als etwas Betrübliches; nachher aber bringt sie friedvolle Frucht der Gerechtigkeit denen, die durch sie geschult sind. (12,5–11)

Wir sehen: Gott als väterlicher Erzieher dient dem Autor dazu, den Christen ihre Leiden als Erziehungsprozess zur „Heiligkeit" hin zu deuten. Dabei wird ganz selbstverständlich an die familiäre Erziehung als Modell angeknüpft.

Exkurs: Das Erziehungswesen im Alten Orient

Es mag uns heute sehr fremd erscheinen, wenn Erziehung damals ganz selbstverständlich mit der Zufügung körperlicher Schmerzen, mit Züchtigung gleichgesetzt wurde. Aber da dies der Fall war, konnte gerade auch das Erleiden von Schmerzen, Krankheiten, Grausamkeiten mit Jahwe als Erzieher in Verbindung gebracht werden. Noch heute reden wir ja von Schicksals-*schlägen*, ohne uns dabei bewusst zu sein, dass wir genau diese Vorstellung eines übermächtigen Erziehers zugrunde legen. So tief scheint in der menschlichen Seele die Verbindung zwischen Leiden und Sühnen (Strafe) verankert, dass alles aufgeklärte Denken diese Strukturen nicht zerstören konnte. Es handelt sich wohl im Sinne von Carl Gustav Jung um etwas „Archetypisches". Lorenz Dürr hat alte Dokumente daraufhin befragt, wie man Erziehung verstand, und er stellt für das Alte Ägypten fest, dass Unterweisung und Erziehung zur Wurzel das Verbum „züchtigen, strafen" hat.

„Der Jüngling hat einen Rücken; er hört, wenn man ihn schlägt", heißt es dort. Das ist nach ägyptischer Auffassung wie ein Naturgesetz; denn auch der „Ochs erhält seine Lehre von dem grimmigen Ochsenknecht", und der Hund hört auf die Worte und folgt seinem Herrn. Anderenfalls spürt er den Stock. So gehört der Stock als Strafinstrument zu den Gaben der Götter: „Thot hat den Stock auf die Erde gelegt. Erziehe den Widerspenstigen damit."[16]

Direkt an das Alte Testament (vgl. Spr 23,23f.) erinnert der Satz: „Ein Kind stirbt keinen schmählichen Tod durch die Hand seines Vaters." Umgekehrt aber: „Wer einen verdorbenen Jüngling liebt, richtet sich selbst zu Grunde mit ihm." (S. 21/22) Auf derselben Linie liegen die Weisungen bei den Sumerern und Akkadern. Die „Sprüche des weisen Achiquar" zeigen, dass man vor Züchtigungen nicht zurückschreckte und deren Notwendigkeit ausführlich darlegte:

Was ist stärker als gärender Most in der Kelter?
Der Sohn, der unterrichtet und gefesselt (?) wird,
und an dessen Fuß man einen Block legt ...
Verschone deinen Sohn nicht mit der Rute,
sonst kannst du ihn nicht bewahren vor dem Bösen.
Wenn ich dich schlage, mein Sohn, stirbst du nicht.
Aber wenn ich dir deinen Willen lasse, wirst du nicht leben.[17]

Fast wörtlich erinnert das an Spr 23,13 f.: „Entziehe den Knaben
nicht deiner Zucht. Wenn du ihn mit der Rute schlägst, so wird
er nicht sterben. Du schlägst ihn zwar mit der Rute; aber sein
Leben rettest du vor der Unterwelt."

Das Alte Testament steht somit ganz auf der Linie des Alten
Orients, hat dieselben Grundsätze. Auch hier ist die Grundbedeutung des Wortes für „Erziehung" (musar) vom Verb jasar abgeleitet, was zurechtweisen, züchtigen heißt. In den Weisheits-
texten Israels, besonders in den Büchern der Sprüche (Spr) und
Jesus Sirach (Sir), finden wir umfangreichere Texte zu diesem
Thema:

Wer seine Rute schont, hasst seinen Sohn,
wer ihn aber lieb hat, bedeckt ihn mit Züchtigung. (Spr 13,24)
Eine Peitsche gehört dem Rosse, ein Zaum dem Esel,
und eine Rute dem Rücken der Toren. (Spr 26,3)
Haftet Narrheit in des Knaben Herz,
die Zucht der Rute wird sie daraus entfernen. (Spr 22,15)

Interessierten LeserInnen sei zur Lektüre noch das 30. Kapitel
des Buches Jesus Sirach (1–13) empfohlen, um sich ein Bild davon zu machen, wie problemlos die Verbindung zwischen Erziehung und Züchtigung gesehen wurde.[18]

1.23 Die Pädagogik der Propheten

Die Propheten waren die großen Erzieher des Volkes Israel, indem sie mahnend und warnend immer wieder den Willen Jahwes

in Erinnerung riefen und Strafen für den Fall androhten, dass sich das Volk nicht an Jahwe, sondern an anderen Göttern und Götzen orientierte.

Unter den Anklagepunkten nimmt die Unzucht einen besonderen Stellenwert ein. In ihr wird die eigentliche Abwendung von Jahwe gesehen. In erster Linie ist dabei sicher die „heilige Prostitution" im Blick, wie sie in den Fruchtbarkeitsreligionen praktiziert wurde. Aber dass diese Kulte solche Faszinationskraft auf die Menschen im Volk Israel ausübten, hat seinen Grund ja darin, dass sie dem Verlangen nach Sinnlichkeit und Lust entgegenkamen.

So ist es letztendlich die *Begierde*, die sich dem „Willen Gottes" entgegenstellte, nicht Hochmut oder Stolz. Die eigentliche Sünde, die Jahwe hasst und straft, ist die Begierde.

Um die LeserInnen nicht mit Zitaten zu erdrücken, seien nur wenige Texte aus alten, vorexilischen Propheten angeführt. Gleich im ersten Kapitel des Buches Jesaja heißt es:

Der Herr spricht: Ich habe Söhne großgezogen und emporgebracht, doch sie sind von mir abgefallen. Der Ochse kennt seinen Besitzer und der Esel die Krippe seines Herren; Israel aber hat keine Erkenntnis, mein Volk hat keine Einsicht. Weh dem sündigen Volk, der schuldbeladenen Nation, der Brut von Verbrechern, den verkommenen Söhnen! Sie haben den Herrn verlassen, den Heiligen Israels haben sie verschmäht und ihm den Rücken gekehrt.

Wohin soll man euch noch schlagen? Ihr bleibt ja doch abtrünnig ... (1, 2–5)

„Erkenntnis" und „Einsicht" stehen hier also gegen die „Sünde" des Abfalls, gegen die „Verkommenheit" der mühsam großgezogenen Kinder. „Der Geist rebelliert gegen das Fleisch", könnte man es mit einer Wendung des Paulus nennen. So stark ist die Begierde, dass auch die Schläge nicht mehr fruchten: die Striemen bedecken ja längst den ganzen Körper.

Am deutlichsten hat der Prophet Hosea die Sünde Israels als Hurerei, Unzucht und Ehebruch gebrandmarkt:

Verklagt eure Mutter, verklagt sie! Denn sie ist nicht meine Frau, und ich bin nicht ihr Mann. Sie soll von ihrem Gesicht das Dirnenzeichen entfernen und von ihren Brüsten die Male des Ehebruchs. Sonst ziehe ich sie nackt aus und stelle sie hin wie am Tag ihrer Geburt …; ich nehme ihr meine Wolle und mein Leinen, die ihre Blöße verhüllen sollten. Dann entblöße ich ihre Scham vor den Augen ihrer Liebhaber.

Niemand kann sie meiner Gewalt entreißen.

Ich mache all ihren Freuden ein Ende, ihren Feiern und Neumondfesten …

Ich bestrafe sie für all die Feste, an denen sie den Baalen Rauchopfer dargebracht hat … (2,4–5.11–13.15)

Die Strafe, die Hosea Jahwe in den Mund legt, entspricht nicht nur dem Vergehen, sondern hat selbst eine deutliche sexuelle Komponente: Die untreue Ehefrau wird nackt ausgezogen und ihre Scham entblößt. Immer wieder ist es die Unzucht, die von der Verehrung Jahwes abhält:

Wenn du, Israel, Unzucht treibst, so möge doch Juda sich nicht verschulden! …

Ephraim ist den Götzen verbunden; sie lassen sich nieder im Kreise von Säufern; sie kennen nur Unzucht; sie vertauschen ihre Glorie gegen die Schande. Es packt sie der Sturm mit seinen Fittichen, und ob ihrer Altäre werden sie zuschanden.

Höret dies, ihr Priester, horche auf, Haus Israel …, merke dir, denn euch gilt das Gericht. *… Sie sanken tief in Verirrung,* ich aber werde sie alle züchtigen. *Ich kenne Ephraim wohl, und Israel ist mir nicht verborgen, denn du, Ephraim, hast Unzucht getrieben und Israel hat sich befleckt. Ihr Treiben gestattet ihnen nicht, zu ihrem Gott sich zu bekehren,* denn ein Geist der Unzucht ist in ihrem Inneren, *und Jahwe kennen sie nicht … (Hosea 4,15.17–19; 5, 1–4)*

Sehr eindrücklich zeigt dieser Text, dass die Jahwereligion vergeblich gegen die *Begierde* ankämpft, die den Menschen nun einmal „treibt" und die tief in ihm verwurzelt ist (was der Text sehr treffend mit „Geist der Unzucht in ihrem Inneren" beschreibt).

Die Pädagogik der Propheten kann darauf nur mit der Drohung der Züchtigung im Gericht reagieren. Denn das scheint ihr das einzig wirksame Mittel zu sein.

Beim Propheten Amos steigert sich die Drohung dann zum schrecklichen „Tag Jahwes", an dem er die Strafe vollziehen wird:

> *Darum spricht Jahwe, der Gott Zebaoth, der Herr, also: Auf den Plätzen ist Wehklagen, in allen Gassen rufen sie: „Wehe! Wehe!"*
> *… In allen Weinbergen wird Wehklagen laut, wenn ich durch deine Mitte hindurchschreite, spricht Jahwe.*
> *Wehe denen, die den Tag Jahwes herbeisehnen! Was soll euch der Tag Jahwes? Er ist Finsternis und nicht Licht. Es ist, wie wenn einer vor einem Löwen flieht, da packt ihn der Bär, und er entkommt nach Haus und stützt seine Hand an die Wand, da beißt ihn die Schlange. Ja, Finsternis ist der Tag Jahwes und nicht Licht. Dunkel ist er, und kein Glanz leuchtet über ihm.*
> *(Am 5,16–20)*

Und der Prophet Joel malt diesen schrecklichen Tag noch weiter aus:

> *Es sollen zittern alle Bewohner des Landes, denn es kommt der Tag des Herrn, ja nahe ist er. Ein Tag ist's der Finsternis und des Dunkels, ein Tag der Wolken und der Wetter … Jahwe lässt seine Stimme erschallen vor seinem Heere her, denn gar groß sind seine Scharen und mächtig, die seinen Willen vollstrecken, denn groß ist der Tag Jahwes und gar furchtbar. Wer wird ihn aushalten?*

Immer wieder knüpfen sich an die prophetischen Warnungen und Drohungen die Mahnrufe, doch noch umzukehren, weil sich Jahwe dann erbarmen und die Strafe nicht vollziehen könnte. In der so genannten „apokalyptischen" Literatur der letzten vorchristlichen Jahrhunderte und um die Zeitenwende wird das letzte Gericht, das alle erwartet, die nicht zu den Auserwählten gehören, breit ausgemalt und in allen Farben geschildert. Das kündigt sich schon in den nachexilischen Propheten an, die solche apokalyptischen Visionen enthalten:

> *Denn seht, Jahwe kommt im Feuer, dem Sturmwind gleich sind seine Wagen, um in Glut seinen Zorn auszulassen und sein Schelten in lodernden Flammen.*
>
> *Denn mit Feuer wird Jahwe Gericht halten und mit dem Schwert über alles Fleisch, und zahlreich werden die von Jahwe Erschlagenen sein. (Jes 66,15–16)*

Zu diesen Schriften gehört auch das Buch Henoch, das wahrscheinlich im 1. Jahrhundert n.Chr. eine weite Verbreitung fand und sicher auf die Anschauungen der frühen Christen entscheidenden Einfluss hatte. Deshalb sei dieses Kapitel mit einer Kostprobe aus diesem Buch abgeschlossen:

> *Wehe euch, ihr Toren, denn ihr werdet durch eure Torheit vertilgt werden; und auf die Weisen hört ihr nicht …*
>
> *Und nun wisst, dass ihr für den Tag der Vernichtung bereitet seid, und hofft nicht, dass ihr am Leben bleibt, ihr Sünder, sondern ihr werdet dahingehen und sterben,*
>
> *denn ihr wisst, dass ihr bereitet seid für den Tag des großen Gerichts, für den Tag der Not und der großen Schmach für euren Geist …*
>
> *Wehe euch, die ihr das Böse bis zu eurem Nächsten ausbreitet, denn ihr werdet in der Hölle getötet werden …*
>
> *Wehe euch, ihr Verstockten des Herzens,*
> *die ihr unermüdlich bedacht seid, Böses auszudenken:*
> *Angst soll über euch kommen, und es wird keinen geben, der euch hilft.*
>
> *Wehe euch, ihr Sünder, wegen der Rede eures Mundes*
> *und wegen des Handelns eurer Hände,*
> *die das Werk eurer Gottlosigkeit sind:*
> *Ihr werdet in einem Brand lodernden Feuers brennen …*[19]

1. 24 Die Thora: Du sollst nicht begehren!

Die Fülle der Einzelvorschriften der Thora – im neutestamentlichen Schrifttum als „Gesetz" bezeichnet – verdeckt, dass im Bewusstsein des jüdischen Frommen das Begehren die eigentliche „Sünde" darstellt und die Schlusssätze des Dekalogs wie eine Zusammenfassung des Ganzen empfunden wurden:

Du sollst nicht begehren das Haus deines Nächsten. Du sollst nicht begehren das Weib deines Nächsten, noch seinen Knecht, noch seine Magd, noch sein Rind, noch seinen Esel, noch irgendetwas, was deinem Nächsten gehört. (Ex 20,17)

In der späteren Fassung des Textes wird das Begehren der Frau an erster Stelle genannt, so dass das Gewicht der Unzuchtssünde noch unterstrichen wird:

Du sollst nicht deines Nächsten Weib begehren! Und du sollst nicht Verlangen tragen nach deines Nächsten Haus, Acker, Knecht, Magd, Ochs, Esel oder sonst noch irgend etwas, was deinem Nächsten gehört! (Dtn 5,21)

Dass die Begierde der eigentliche Knackpunkt der Gesetzeserfüllung ist, hat kein Geringerer als der Schriftgelehrte Paulus in seinem bedeutendsten Brief, dem an die Römer, unmissverständlich dargelegt. Werfen wir aber, bevor wir uns dem Römerbrief zuwenden, noch einen Blick in den an die Galater, der etwas älter ist, sich aber thematisch eng mit dem an die Römer berührt. Dort heißt es:

Wandelt im Geiste, dann werdet ihr das Begehren des Fleisches nicht befriedigen. Denn das Fleisch begehrt wider den Geist und der Geist wider das Fleisch; beide liegen im Streit miteinander, damit ihr nicht das tut, was ihr eigentlich wollt. (Gal 5,16–17)

Mit „Fleisch" meint Paulus nicht das Materielle im Gegensatz zum Verstand, sondern den konkreten Menschen mit seinem ihm innewohnenden Begehren im Widerstand gegen den Geist Gottes, der ihm nach Paulus seit der Taufe als „Lebensraum" angeboten ist. Wir werden im nächsten Abschnitt sehen, dass sich die Sichtweise, beide lägen im Streit miteinander, eng mit der rabbinischen Lehre von den beiden Trieben berührt.

Die Begierde ist der Grund dafür, dass sich der Mensch im dauernden Konflikt mit dem Geist befindet und er nicht das tut, was er eigentlich will. Paulus unterstellt hier, dass der Mensch „eigentlich" den Willen Gottes tun will, wie ihm dieser durch den Geist einsichtig wird. Der Jude Paulus ersetzt die Thora (als Wille Gottes) durch den Geist. Die Begierde verhindert dieses gottgefällige Leben und trifft den Menschen im Zentrum seiner Existenz, insofern nach jüdisch-christlicher Anschauung der Mensch in erster Linie durch sein *Handeln* charakterisiert ist.

Aber Paulus geht im Römerbrief noch weiter: Die Begierde ist so stark, dass sie sich durch die Ge- und Verbote des Gesetzes *erst recht anstacheln und aktivieren* lässt:

> *Denn solange wir noch im Fleische lebten, wirkten die durch das Gesetz erregten sündhaften Leidenschaften in unseren Gliedern, sodass wir Frucht brachten für den Tod. (Röm 7,5)*
> *Ich hätte die Sünde nicht kennen gelernt, wenn es nicht durch das Gesetz geschehen wäre.* Ich wüsste nichts von der Begierde, wenn das Gesetz nicht sagte: „Du sollst nicht begehren!" *Nachdem aber die Sünde durch das Gesetz einen Anlass empfangen hatte, hat sie mir jedwede Begierde geweckt; denn ohne Gesetz wäre die Sünde tot.*
> *(Röm 7,7–8)*

Es wird später noch davon die Rede sein, welche Folgerung Paulus aus der Einsicht zieht, dass der Mensch, so wie er nun einmal mit der Begierde als Motor seines Handelns vorkommt (als "Fleisch"), unfähig ist, das Gesetz zu erfüllen. Hier ging es erst einmal darum, zu zeigen, wie ein anerkannter jüdischer Schriftgelehrter des 1. Jahrhunderts n. Chr. die Rolle der Thora angesichts der menschlichen Begierde sieht.

Im rabbinischen Schrifttum begegnet die Begierde als der „böse Trieb", der im Widerstreit mit dem guten steht. Dort meint er „das im Menschen sich regende sinnliche Begehren, den Sinn, der auf das Irdische, Vergängliche u. Ungöttliche gerichtet ist, ganz besonders den Hang zum Götzendienst u. zur Unzucht"[20]. Den Schriftbeweis dazu fand man in Gen 6,5 und 8,21, wo davon die Rede ist, dass „alles Gedankengebilde des menschlichen Herzens allezeit nur auf das Böse gerichtet" ist. Interessanterweise wurde auch der *Satan* mit dem bösen Trieb identifiziert:

> *Resch Laqisch (um 250) hat gesagt: Derselbe ist der Satan, derselbe der böse Trieb u. derselbe der Todesengel (…). Derselbe der Satan, denn es steht geschrieben: Da ging der Satan hinweg vom Angesicht Jahves.[21]*

Gemeint ist wohl, dass der böse Trieb auf Betreiben Satans den Menschen zur Sünde verführt.

Während der gute Trieb erst dann wirksam wird, wenn der Israelit sein 13. Lebensjahr vollendet hat (und dann voll verantwortlich ist für die Erfüllung der Thora), herrscht der böse Trieb von frühester Kindheit an im Menschen. Die Begierde hat also einen großen zeitlichen Vorsprung, was zweifellos die Macht und den Druck des Begehrens unterstreicht:

> *R. Ruben b. Aristobulos sagte: Wie kann sich ein Mensch vom bösen Trieb fern halten, der in seinem Inneren ist! Denn der erste Tropfen, den ein Mann in das Weib fallen lässt, ist der böse Trieb.*
>
> *AbothRN 16: Man hat gesagt: Der böse Trieb (der mit dem Kind geboren wird) ist 13 Jahre älter als der gute Trieb (…); vom Mutterleib des Menschen an wuchs er allmählich mit ihm heran, dann fing er an, die Sabbate zu entheiligen, ohne dass er es ihm wehrte. Nach 13 Jahren wird der gute Trieb geboren (beginnt sein Widerstand) …*

Schickt er sich zu einer Unzuchtssünde an, spricht er zu ihm:
Du Dummkopf, siehe, es heißt: Es soll getötet werden der Ehe-
brecher u. die Ehebrecherin Lv 20,10 ...

Test Juda 20: Erkennet nun, meine Kinder, dass sich zwei Gei-
ster mit dem Menschen abgeben, der der Wahrheit (= Jecer tob)
u. der des Betrugs ... (= Jecer ha-ra), und der mittlere ist der der
Einsicht des Verstandes ..., wohin er neigen will ... Und so-
wohl das auf die Wahrheit, als auch das auf den Betrug
Bezügliche ... wird auf die Brust des Menschen geschrieben, u.
jedes von ihnen erkennt der Herr. Und es gibt keine Zeit, in der
die Werke des Menschen werden verborgen sein können, weil
sie in die Brust von Knochen ... vom Herrn eingeschrieben sind.
Und der Geist der Wahrheit bezeugt alles und verklagt alle ...,
u. der Sünder ist aus dem eigenen Herzen heraus entbrannt u.
kann das Angesicht nicht zu dem Richter aufheben.[22]

Sehr klar wird im Widerstreit der beiden Triebe die Grund-
spannung des Menschen zwischen Begierde und Streben nach
„Geistigkeit" thematisiert, die als eine Art Gewissenskonflikt
beschrieben wird. Die positive Lösung des Konflikts wird darin
gesehen, dass dem Menschen die Thora vor Augen gehalten wird,
in der die Begierde mit härtester Strafe bedroht wird. Sie soll ihn
abhalten. Und damit auch niemand dem Richter entgeht, werden die „Werke" dem Menschen in die Knochen eingraviert,
sodass sie auf jeden Fall gegen den „Sünder" zeugen.

Der böse Trieb herrscht wie ein König über alle 248 Glieder im
Menschen:

AbothRN 16: Wenn sich ein Mensch selbst erhitzt u. zu einer
Unzuchtssünde anschickt, willfahren ihm alle seine Glieder,
der böse Trieb ist König über 248 Glieder (so viele Glieder zähl-
te man am menschlichen Körper). Wenn er sich aber zu einer
Gebotserfüllung anschickt, fangen alle Glieder an, säumig zu
werden, weil der böse Trieb in seinem Inneren König ist über
die 248 Glieder, die am Menschen sind. Der gute Trieb aber
gleicht nur einem, der gebunden im Gefängnis liegt ... (S. 472)

Beide Triebe haben ihren Sitz im menschlichen Herzen. Dort spielt sich der Kampf ab, der seit dem 13. Lebensjahr stattfindet. Der böse Trieb tritt wie ein Versucher auf, der dem Menschen die Vorteile darlegt, wenn er ein Gebot nicht erfüllt, während der gute Trieb mahnt und warnt.

Oft hat sich der gute Trieb abgemüht, doch bevor er etwas erreicht, kommt der böse und richtet in einem kurzen Augenblick alles zu Grunde. Er hält vom Thorastudium ab, ja stachelt zur Auflehnung gegen die Thora an, zur Vernachlässigung der Gebote. Die Aufgabe des Israeliten besteht im täglichen Kampf gegen ihn: Er soll ihn unterdrücken und zum Gehorsam zwingen.

Die meisten altjüdischen Autoritäten vertreten die Anschauung, dass der Mensch des bösen Triebes mit Gottes Beistand Herr werden könne. Nur ausnahmsweise kommt die gegenteilige Meinung vor. Gefährdet ist der Mensch bis ins hohe Alter. Erst der Tod bringt Ruhe.

Wer seines Triebes mächtig wird, gilt als Held, ja als verehrungswürdig. Wer ihn zu beherrschen gelernt hat, hat alles erlangt, nämlich das Leben. Er wird aus dem Gericht errettet.

Der böse Trieb wird auch in dem „Herz aus Stein" gesehen, von dem der Prophet Ezechiel spricht (36,36: Ich will das Herz aus Stein entfernen). Dieser „Stein" verursacht die Leiden (Züchtigungen), die über den Mann kommen. Der böse Trieb verführt den Menschen in dieser Welt und legt noch Zeugnis gegen ihn ab in der zukünftigen. Er gewöhnt ihn an die Sünde und bringt ihn ins Feuer der Hölle.

Allerdings hat er auch etwas Gutes: Der Mensch empfängt Lohn, wenn er ihn besiegt. Aber der Kampf ist so schwer, dass Israel sagen konnte: „Wir wollen weder ihn (den bösen Trieb) noch seinen Lohn."[23] Erst für die messianische Zeit wird die völlige Vernichtung des bösen Triebes erwartet. Bis dahin gilt es, ihn nach Möglichkeit zu schwächen.

Eindrucksvoll bringt die Lehre vom bösen und guten Trieb die Übermacht der Begierde zur Sprache, gegen die der Mensch sich nicht erwehren kann. Dennoch wird eine unendliche Anstrengung verlangt, mit ihr fertig zu werden. Es ist das Rückgrat der jüdischen Religion; denn den bösen Trieb beherrschen bedeutet Leben, ihm zum Opfer fallen den Tod.

Wie eine störrische Kuh, die nicht pflügen will, muss man den bösen Trieb wider den eigenen Willen zwingen. Alles Gewicht liegt also auf der Willenskraft, die den bösen Trieb zum Gehorsam zwingen muss. Zugleich wird von daher verständlich, dass die Erziehung der Kinder bis zum 13. Lebensjahr das Ziel haben muss, den bösen Trieb von außen durch Beugung des Willens zu bekämpfen.

1. 26 Religion des Triebverzichts

Es war kein Geringerer als S. Freud, der die jüdische Religion als Durchbruch zu einer Ethik würdigte, welche das Triebhafte in Richtung auf mehr „Geistigkeit" überwand, und der zugleich ein psychoanalytisches Erklärungsmodell für die in ihr enthaltene göttliche Pädagogik vorlegte.

Freud wird in diesem Zusammenhang also lediglich als „Kronzeuge" für die außergewöhnliche jüdische Leistung herangezogen, den Menschen in seiner Begierde ganz ernst zu nehmen und zugleich zu verhindern, dass dieser in ihr hoffnungslos gefangen bleibt. Dies soll ja die Gottesbeziehung leisten, die ihn in Beziehung setzt und ver-antwort-lich macht. Deswegen soll sein Leben Ant-wort auf Jahwes Wort sein.

Freud wird hier als Jude gehört, der es unternimmt, auf dem Hintergrund seiner therapeutischen Arbeit mit Menschen die jüdische Religiosität zu verstehen.

In seiner letzten Schrift vor nunmehr sechzig Jahren, „Der Mann Moses und die monotheistische Religion", macht er deutlich, dass die Überwindung des Triebhaften in Richtung von mehr „Geistigkeit" den Erwählungsglauben des jüdischen Volkes begründete, der es bereit machte, den vom Übervater geforderten Verzicht zu akzeptieren, sich seinem Willen zu unterwerfen und Strafe für seine Schuld auf sich zu nehmen.

Alle solche Fortschritte in der Geistigkeit haben den Erfolg, das Selbstgefühl der Person zu steigern, sie stolz zu machen, sodass sie sich anderen überlegen fühlt, die im Bann der Sinnlichkeit verblieben sind.[24]

Die Thora, ihr Schrifttum, wurde und blieb für die Juden ihr Halt, der sie durch alle Katastrophen hindurchtragen sollte. Triebverzicht bringt die Liebe des Vaters ein, die nicht aufs Spiel gesetzt werden soll. Freud verdeutlicht das an der individuellen Entwicklung des Kindes, indem er die Entstehung des „Über-Ich", das die Moral der Eltern verinnerlicht, in geraffter Form darlegt. Dann aber kommt er zu folgendem Gesamtbild:

Die Religion, die mit dem Verbot begonnen hat, sich ein Bild von Gott zu machen, entwickelt sich im Laufe der Jahrhunderte immer mehr zu einer Religion der Triebverzichte. *Nicht dass sie sexuelle Abstinenz fordern würde, sie begnügt sich mit einer merklichen Einengung der sexuellen Freiheit. Aber Gott wird der Sexualität völlig entrückt und zum Ideal ethischer Vollkommenheit erhoben. Ethik ist aber Triebeinschränkung. Die Propheten wurden nicht müde zu mahnen, dass Gott nichts anderes von seinem Volke verlange als gerechte und tugendhafte Lebensführung, also Enthaltung von allen Triebbefriedigungen, die auch noch von unserer heutigen Moral als lasterhaft verurteilt werden. Und selbst die Forderung, an ihn zu glauben, scheint gegen den Ernst dieser ethischen Forderungen zurückzutreten. Somit scheint der Triebverzicht eine hervorragende Rolle in der Religion zu spielen, auch wenn er nicht von Anfang an in ihr hervortritt.*

Ganz konsequent drängt sich deshalb für eine Religion, für die das Ethische Im Mittelpunkt steht, die Erziehungsbeziehung Vater-Kind geradezu auf, um die Gottesbeziehung abzubilden.

Der Vater als Erzieher und die Ambivalenz in der Gefühlswelt des Kindes ihm gegenüber bestimmen deshalb auch das Verhältnis Gott gegenüber. Dieser Gott hat die Autorität des Vaters in absoluter Gestalt:

> *In der abgekürzten Entwicklung des menschlichen Einzelwesens wiederholt sich das wesentliche Stück dieses Hergangs. Auch hier ist es die Autorität der Eltern, im Wesentlichen die des unumschränkten, mit der Macht der Strafe drohenden Vaters, die das Kind zu Triebverzichten auffordert, die für dasselbe festsetzt, was ihm erlaubt und was ihm verboten ist. Was beim Kinde „brav" oder „schlimm" heißt, wird später, wenn Gesellschaft und Überich an die Stelle der Eltern getreten sind, „gut" und „böse", tugendhaft oder lasterhaft genannt werden, aber es ist immer noch das nämliche, Triebverzicht durch den Druck der den Vater ersetzenden, ihn fortsetzenden, Autorität.*[25]

Mit Recht macht Freud deutlich, dass der für den jüdischen Glauben zentrale Begriff der „Heiligkeit" in engem Zusammenhang mit der Sitte der Beschneidung steht. Die Ambivalenz dem Vater gegenüber kehrt auch in diesem Begriff wieder, der nicht nur „geweiht", sondern auch „verrucht" bedeutet:

> *Der Wille des Vaters aber war nicht nur etwas, woran man nicht rühren durfte, was man hoch in Ehren halten musste, sondern auch etwas, wovor man erschauerte, weil es einen schmerzlichen Triebverzicht erforderte. Wenn wir hören, dass Moses sein Volk „heiligte" durch die Einführung der Sitte der Beschneidung, so verstehen wir jetzt den tiefen Sinn dieser Behauptung. Die Beschneidung ist der symbolische Ersatz der Kastration, die der Urvater einst aus der Fülle seiner Machtvollkommenheit über die Söhne verhängt hatte, und wer dies Symbol annahm, zeigte damit, dass er bereit war, sich dem Willen des Vaters zu unterwerfen, auch wenn er ihm das schmerzlichste Opfer auferlegte.*[26]

Zweifellos hat die Religion des Triebverzichts in der symbolischen Kastration, der Beschneidung, ihren sprechendsten Ausdruck gefunden. Denn im männlichen Glied als Lustorgan findet die Begierde geradezu ihre Verkörperung. Dieses zu „kappen" demonstriert überzeugend, dass es darum geht, die Begierde zu beherrschen. In der heute noch in Teilen Afrikas üblichen Beschneidung der Mädchen wird das überdeutlich: Sie sollen keine Lust empfinden.

So abscheulich man das finden mag: Es zeigt, wie tief die Furcht vor dem Triebhaften ist und welchen Fortschritt es bedeutet, wenn im Judentum nur die Knaben dieser Prozedur unterzogen werden.

1.27 Jüdisches Erbe im Christentum

Angst vor dem Gericht
Das Christentum hat – nicht zuletzt der weltweiten Verbreitung wegen – auf die Beschneidung verzichtet, nicht aber darauf, eine Religion des Triebverzichts zu sein. Die in ihm sich herausbildende Triebfeindlichkeit kann sich allerdings nicht auf das Alte Testament und das Judentum berufen. Hier machen sich gnostische Einflüsse geltend, die griechischen und persischen Ursprungs sind.

Im Kampf gegen die Macht der Begierde wird die Drohung im Gericht wegen der „Sünde" als notwendig empfunden. Der Kirchenlehrer Augustinus, der wohl bedeutendste Theologe des Westens, hat dies in seinen „Bekenntnissen" (Confessiones) geradezu klassisch formuliert:

Dir sei Dank, dir sei Ruhm, du Quell der Erbarmung! Elender ward ich – du mir näher. Nun um Nun war sie da, deine Rechte, mich dem Schmutze zu entreißen und zu waschen, und ich wusste es nicht. Und noch tiefer mich dem Pfuhl der Fleischeslust zu überlassen, davor bewahrte mich allein die Furcht vor dem Tode, die Furcht vor deinem kommenden Gericht, die mir doch nie, bei allem Wechsel der Weltbetrachtung, aus der Brust gewichen ist.[27]

Die Furcht vor dem Gericht, in dem die „Sünde der Fleischeslust" unerbittlich bestraft wird, hat Generationen von „Christen" geprägt und der Macht der Kirchen ausgeliefert.

Die Generation der ersten Christen ist dabei dem jüdischen Lösungsmodell insofern verpflichtet, als dieses den Menschen vor einen Gott stellt, der von ihm die Befolgung seiner Gebote verlangt und ihn in einem Gericht zur Verantwortung zieht. Schon die ersten christlichen Theologen machten Jesus zu einem Richter, der als der „Menschensohn" diese Rolle von Gott zugewiesen bekommt.

Dahinter steht, wie wir sahen, eine *Pädagogik*, die von der Überzeugung getragen ist, dass die Angst vor der Strafe das wirksamste Mittel ist, um des Menschen Begierde zu zügeln und ihn so gemeinschaftsfähig zu machen. Auch der christliche Gott ist der *Erzieher seines Volkes*: Er bestraft die Vergehen und schenkt das Leben, wenn der Mensch seinen Geboten folgt. Die alten orientalischen Kulturen sind sich darin einig, dass Erziehung und Züchtigung gleichzusetzen sind.

Diese Pädagogik setzt zugleich voraus, dass der Mensch das Gute und Richtige tun kann, *wenn er nur will.*

Die jüdische Lebenslehre (Thora), die – wie Freud gezeigt hat – dieses Modell konsequent zum Angelpunkt ihres Gottesglaubens machte, hat das Christentum in diesem Punkt beerbt: Der Mensch kann, wenn er nur will, das „Böse" überwinden. Als einzige Konzession wird im Christentum eingeräumt, dass er dazu der „Gnade Gottes" bedarf. Doch da der Mensch gleichzeitig andauernd befürchten musste, dieser Gnade verlustig zu gehen, wenn er „schwer sündigte", war dies keine große Hilfe. Denn wenn er die versprochene Gnade nicht verspürte, war es wiederum alleine seine Schuld.

So blieb tatsächlich nur, wie es Augustinus beschreibt, die *Angst* vor der schrecklichen Strafe im Gericht, die zu der unendlichen Anstrengung anspornte, die „Fleischeslust" zu meiden. Gelang es trotzdem nicht, dann standen noch die „Gnadenmittel" der Kirche zur Verfügung, derer man sich bedienen konnte, um der ewigen Strafe zu entgehen.

So sah „Christentum" über Jahrhunderte aus. Dass es in der Geschichte der letzten zweitausend Jahre ab und zu Einzelne gab, die von einer eigenen Erfahrung her eine andere Dimension der Gottesbeziehung erreichten, die wir als „mystische" zu bezeichnen pflegen, hebt den Gesamteindruck nicht auf. Die Masse der so genannten „Gläubigen" blieb im System der kirchlichen Gnadenverwaltung gefangen und war ihm ausgeliefert.

Strafdrohung im Neuen Testament

Zunächst einmal ist allerdings denen, die darauf bestehen, dass die Gerichtsdrohung zum unveräußerlichen Bestand der christlichen Botschaft gehört, Recht zu geben, wenn man die Schriften des Neuen Testaments daraufhin anschaut. Denn sowohl in der Briefliteratur als auch in den Evangelien (ganz abgesehen von der „Offenbarung des Johannes") finden wir sie.

Und so ist ja auch ins Glaubensbekenntnis aufgenommen worden, dass wir Jesus als den bei seiner Wiederkunft erwarten, der kommt, „zu richten die Lebenden und die Toten".

Im Hintergrund steht dabei das geradezu überwältigende Zeugnis der jüdischen Tradition, die Jahwe als Erzieher sieht, der straft, wenn das Volk sich nicht an seine Weisungen hält. Die Propheten sind dabei zu seinem wichtigsten Sprachrohr geworden.

In der Religionsgeschichte steht der jüdische Versuch, die Regeln menschlichen Zusammenlebens an die Gottesbeziehung zu binden, zweifellos einzigartig da. Er verdient uneingeschränkte Bewunderung und hat für die Herausbildung eines ethischen Bewusstseins der Menschheit Unschätzbares geleistet. Diese Weisheit hat ja S. Freud bekanntlich dazu gebracht, Mose zu einem Ägypter zu machen.[28]

Dass ein Bündel von Weisungen, die alle denkbaren Lebensvollzüge bis ins Einzelne regeln, zum Mittelpunkt religiösen Denkens und Fühlens wurde, dass somit Gott hineingeholt, ja verwickelt wurde ins alltägliche Leben der Menschen, ist rundweg großartig. Diese Religion ist praktisch im wahrsten Sinn des Wortes, sie ist Praxis; denn es gibt nichts, das nicht eingebunden wäre in die Gottesbeziehung. Vor allem aber haben wir in der jüdischen Religion, von der das Christentum bisheriger Prägung auf weite Strecken nur eine Fortsetzung ist, den konsequentesten Versuch vor uns, eines der zentralsten Probleme des Menschen in den Griff zu bekommen: die Triebbeherrschung. Dies gelang, indem das im Alten Orient seit Jahrtausenden bewährte Erziehungsdenken zur Grundlage der Religion gemacht wurde.

Ungeachtet der jesuanischen Wort- und Tatverkündigung und der grundsätzlichen Infragestellung einer religiös motivierten Willensethik durch Paulus (über die noch zu sprechen sein wird), übernimmt das Christentum des ausgehenden 1. Jahrhunderts den Kampf gegen die Begierde als Hauptforderung der innergemeindlichen Ermahnungen.

Ganz im Sinn jüdischer Unterweisung schreibt Paulus im ältesten uns erhaltenen Brief des Neuen Testaments, dem Ersten an die Thessalonicher:

Denn das ist der Wille Gottes, eure Heiligung, dass ihr euch der Unzucht enthaltet; *dass ein jeder lerne, seinen Leib in Heiligkeit und Ehrbarkeit zu besitzen, nicht in zügelloser Begierlichkeit wie die Heiden, die Gott nicht kennen ... (4,3–5)*

Im Galaterbrief ermahnt er, „das Begehren des Fleisches nicht zu befriedigen" (Gal 5,16), und der Gemeinde von Korinth werden von Paulus Beispiele aus Israels Vergangenheit vor Augen gehalten, um sie zu warnen:

Diese Ereignisse sind Vorbilder für uns geworden, damit wir nicht Gelüste hätten nach dem Bösen, wie jene danach gelüsteten ... Auch lasst uns nicht Unzucht treiben, wie manche

von ihnen Unzucht getrieben haben; und es fielen dreiund-
zwanzigtausend an einem Tage. (1 Kor 10,6.8)

Wie die Textstelle zeigt, gehört ganz selbstverständlich zur Mahnung, der Begierde nicht zu erliegen, die Drohung mit einer
schrecklichen Strafe. Denn auch sie soll natürlich als warnen-
des Beispiel dienen. Hatte doch der Apostel eben dieser Gemeinde einen Fall von Unzucht vorgehalten, der ihn veranlasste, nicht
nur die rigorose Entfernung des Übeltäters zu fordern, sondern
ihn zur Bestrafung „dem Satan zu übergeben":

Im Namen des Herrn Jesus sollt ihr und mein Geist euch ver-
sammeln samt der Kraft unseres Herrn Jesus Christus und die-
sen Menschen dem Satan übergeben zum Verderben des Flei-
sches, damit sein Geist gerettet werde am Tage des Herrn.
(1 Kor 5,4–5)

Die Züchtigung durch den Satan soll also erreichen, dass der
schuldig Gewordene jetzt bestraft wird, um beim letzten Gericht
(dem „Tag des Herrn") gerettet zu werden.

Paulus übernimmt hier die jüdische Unterscheidung von zeit-
lichem und ewigem Gericht:[29] Ersteres dient sowohl der Erpro-
bung als auch der Züchtigung für zuvor begangene Sünden. Jahwe tritt als Erzieher in Aktion, wie Paulus in einem analogen Fall
ausdrücklich formuliert:

Wenn wir … vom Herrn gerichtet werden, so werden wir in
Zucht genommen, damit wir nicht mit der Welt verdammt wer-
den. (1 Kor 11,32)

Letzteres, das ewige Gericht, bedeutet Vernichtung, Verdammnis, das die Juden in erster Linie für die „Völker" erwarten, die ja
„Sünder" sind.

Das zeitliche Strafgericht dient also erkennbar erzieherischen
Zwecken, soll damit vor dem Schlimmsten bewahren. Dieses
„Schlimmste", die endgültige Verdammnis, bildet nach wie vor
den Hintergrund. Denn für den Juden Paulus ist klar, dass Gott
seine „Gerechtigkeit" vor allem dadurch zeigt, dass er *alle* Ver-

gehen bestraft, sodass es eine besondere Gnade ist, *nur* gehörig gezüchtigt zu werden.

Darum wird der Apostel nicht müde, seine Gemeinden zu ermahnen, der Begierde keinen Raum zu geben:

> *Darum soll die Sünde nicht mehr in eurem sterblichen Leib herrschen, dass ihr seinen Begierden gehorcht, und gebt eure Glieder nicht mehr der Sünde als Waffen der Ungerechtigkeit hin... (Röm 6,12–13)*

Die jüngere Briefliteratur vervollständigt das Bild, sodass es genügt, nur noch einige Stellen anzuführen:

> *Fliehe die Begierden der Jugend, trachte vielmehr nach Gerechtigkeit, Glaubensgeist, Liebe und Frieden mit denen, die den Herrn aus reinem Herzen anrufen. (2 Tim 2,22)*

Besonders schlimm sieht es der Verfasser dieses Briefes „in den letzten Tagen" kommen:

> *Denn da werden die Menschen selbstsüchtig sein, geldgierig, hochmütig, schmähsüchtig... lieblos, unversöhnlich, verleumderisch, zügellos, roh, dem Guten abhold, verräterisch, unbesonnen, aufgeblasen, mehr vergnügungssüchtig als gottliebend, sie werden wohl noch den Schein der Frömmigkeit an sich haben, ihre innere Kraft aber werden sie verleugnen. Und solche Menschen sollst du verabscheuen. Denn aus ihrer Mitte kommen jene, die sich in die Häuser einschleichen und sich mit Frauen abgeben, die mit Sünden belastet sind und von vielerlei Begierden gejagt werden ... (2 Tim 3,2–6)*

Die Frage an den Autor des Briefes drängt sich einem auf, ob er wirklich meint, von den Menschen „der letzten Tage" zu reden. Oder ist er der Meinung, die seien längst – seit es Menschen gibt! – angebrochen?

Kurz und bündig charakterisiert der Brief an Titus die christliche Lebensform:

> *Denn es ist ja die Gnade Gottes erschienen als Heil für alle Menschen. Sie leitet uns an, von der Gottlosigkeit und den weltli-*

chen Lüsten(Begierden) uns loszusagen, besonnen, gerecht und
fromm in dieser Zeit zu leben ... (Tit, 2,11–12)

Der erste Petrusbrief mahnt die Christen, „als Kinder des Ge-
horsams" sich nicht nach ihren Lüsten zu richten (1,14), sich
der „fleischlichen Begierden" zu enthalten, „da sie ja wider die
Seele streiten" (2,11) und „nicht mehr nach menschlichen Begierden", sondern nach dem Willen Gottes zu leben (4,2).
Besonders ausführlich aber fallen die Mahnungen und Warnungen des Jakobusbriefs aus. Sein Thema sind die Versuchungen,
denen die Christen ausgesetzt sind, und er tritt der Meinung
entgegen, sie seien von Gott selbst verursacht:

Keiner sage, wenn er versucht wird: Ich werde von Gott ver-
sucht ...

Vielmehr wird jeder versucht, indem er von der eigenen
Begierlichkeit gelockt und geködert wird. Dann, wenn die
Begierlichkeit empfangen hat, gebiert sie die Sünde; die an ihr
Ziel gelangte Sünde aber gebiert den Tod. (Jak 1,13–15)

Mit Nachdruck fordert der Verfasser dieses Briefes die Christen
auf, das „königliche Gesetz" zu erfüllen und keine Menschen-
rücksichten walten zu lassen, um nicht vom Gesetz als Über-
treter überführt zu werden:

Wer nämlich das ganze Gesetz hält, aber in einem einzigen
Punkte fehlt, der ist in allen (Punkten) schuldig geworden. Der
nämlich gesagt hat: „Du sollst nicht ehebrechen", der hat auch
gesagt: „Du sollst nicht töten" ...

So redet und handelt wie solche, die durch das Gesetz der Frei-
heit gerichtet werden. Denn das Gericht ist ohne Erbarmen für
den, der kein Erbarmen geübt hat. (Jak 2,10–13)

Woher kommen Kriege und woher Kämpfe unter euch? Nicht
daher: aus euren Begierden, die in euren Gliedern streiten? Ihr
begehrt und besitzt nicht? Also tötet ihr. Ihr eifert und erreicht
doch nicht? Also kämpft ihr und führt Krieg. Ihr besitzt nicht,
weil ich nicht bittet. Ihr bittet zwar, aber ihr empfangt nicht,

weil ihr in der schlechten Absicht bittet, es in euren Lüsten zu
vergeuden.

Ihr Ehebrecher, wisst ihr nicht, dass die Freundschaft mit der
Welt Feindschaft mit Gott ist? Wer also ein Freund der Welt sein
will, erweist sich als Feind Gottes …

Unterwerft euch also Gott. Widersteht aber dem Teufel, so wird
er von euch fliehen. (Jak, 4,1–4.7)

Sehr eindrücklich zeigt der Text, wie für den Verfasser die Begierde alles durchwirkt, was ihm negativ am Umgang der Menschen miteinander einfällt. Die Begierde macht den Menschen
zu einem „Freund der Welt", und es ist unmöglich, dass er zugleich ein Freund Gottes sein kann.

Ein letzter Blick in das zwischen 80 und 90 geschriebene
Matthäusevangelium unterstreicht noch, welchen hohen Stellenwert der Kampf gegen die Begierde im christlichen Gemeindeleben schon damals hatte.

In das Grunddokument christlicher Ethik, die so genannte
„Bergpredigt", fügt Matthäus das Verbot des Begehrens und ruft
zu drastischen Maßnahmen dagegen auf. So formuliert er in den
„Antithesen":

Ihr habt gehört, dass gesagt wurde: „Du sollst nicht ehebrechen".
Ich aber sage euch: Jeder, der eine Frau begehrlich ansieht, hat
in seinem Herzen schon die Ehe mit ihr gebrochen. Wenn dich
daher dein rechtes Auge zur Sünde reizt, so reiß es aus und wirf
es von dir. Es ist besser für dich, dass eines deiner Glieder verlo-
ren geht, als dass dein ganzer Leib in die Hölle geworfen wird.
Und wenn dich deine rechte Hand zur Sünde reizt, so hau sie
ab und wirf sie von dir. Denn es ist besser für dich, dass eines
deiner Glieder verloren geht, als dass dein ganzer Leib in die
Hölle fährt. (Mt 5,27–30)

Und im Zusammenhang mit den „Ärgernissen" kommt er erneut darauf zu sprechen:

Wenn dich nun deine Hand oder dein Fuß ärgert, so hau ihn
ab und wirf ihn von dir. Es ist besser, verstümmelt oder lahm

ins Leben einzugehen, als mit beiden Händen oder beiden Fü-
ßen ins ewige Feuer geworfen zu werden. Und wenn dich dein
Auge ärgert, so reiß es aus und wirf es von dir. Es ist besser für
dich, einäugig ins Leben einzugehen, als mit beiden Augen in
die Feuerhölle geworfen zu werden. (Mt 18,8–9)
Diese deutliche Verbindung zwischen dem Verbot des Begehrens und der angedrohten schrecklichen Strafe dürfte für die
gesamte Bibel einmalig sein. Von der *Wirkung* biblischer Texte
her gesehen hat Matthäus freilich weit intensiver die Ängste der
Christen geschürt als einer der neutestamentlichen Briefe. Gal-
ten doch bis in die Gegenwart hinein die oben zitierten Sätze als
Worte Jesu!

1.3 Die Krise des Erziehungsmodells

Erst der Zweifel, ob menschliches Handeln tatsächlich dem
durch Erziehung geformten Willen entspringt, bringt das Gebäu-
de zum Wanken und macht eine religiöse Deutung zutiefst fragwürdig, die darauf gründet.

Wie, wenn der Mensch gar nicht im Stande ist, das von „Gott"
Geforderte zu tun?

1. 31 Die „Macht der Begierde" und der Protest gegen die Strafe

Die *Krise* des Pädagogikmodells begann schon in den Schriften
des Alten Testaments:

In der Erzählung vom „Sündenfall" (Gen 3) wird die Schlange
als Verkörperung des „Bösen" zur Erklärung für die Unfolgsam-
keit des Menschen gegenüber dem göttliche Gebot herangezogen.

Wie immer man die „Sünde" deuten mag, der Adam und Eva
erliegen, es ist auf jeden Fall ihr *Begehren*, das für sie zum Fall-

:k wird, sodass sie dem göttlichen Gebot nicht gehorchen.
bei ist die sexuelle Komponente in der Erzählung Gen 3,1–7 unverkennbar, wie schon der abschließende Vers 7 („Und sie erkannten, dass sie nackt waren") zeigt.

Erst jüngst hat Dirk U. Rottzoll nachgewiesen, dass „Gut und Böse erkennen" in der dem heutigen Text zu Grunde liegenden Fallerzählung die „Erweckung des Sexualtriebs bzw. Befähigung zur Geschlechtlichkeit" meint.[30] Der alte, zu Grunde liegende Mythos sprach also davon, wie die Menschen durch Diebstahl in den Besitz der Geschlechtlichkeit kamen und dadurch „wie die Götter" wurden.[31] Die Schlange, wichtiges Symbol im kanaanäischen Baals(Fruchtbarkeits-)kult, ist dort noch das Tier der Weisheit:

> Zwei Dinge, sagt der alte Mythos, gibt es für Menschen, die das Menschliche übersteigen und die den Menschen gottgleich machen: die Geschlechtlichkeit (Sexualität) mit ihren Möglichkeiten von Schöpfung und Lust – und die Überwindung des Todes …
>
> Die erste göttliche Möglichkeit ist dank der klugen Schlange den Göttern geraubt worden und den Menschen bekannt. Daraufhin haben die Götter ein Gleiches für das ewige Leben verhindert … [32]

Die LeserInnen können nun selbst sehr gut erkennen, in welcher Weise der alttestamentliche Autor (der „Jahwist") den alten Mythos umformte, um geschlechtliches Begehren als *die Sünde* gegen Jahwe schlechthin darzustellen. Der Hintergrund dafür ist natürlich die Abwehr des kanaanäischen Fruchtbarkeitskults, der Baalsreligion. Der Jahwist hat wohl kaum existenzialistisch im Sinne von Kierkegaard gedacht und, wie Drewermann meint, die Angst thematisiert, die den Menschen beim Blick in den Abgrund in die Nichtigkeit seiner Existenz befällt.[33] Vielmehr hat er ganz in der prophetischen Tradition die moralische Dimension des Menschseins im Blick und sieht den Menschen sich Gottes Strafen (vgl. Gen 3, 16 ff.) zuziehen, wenn er nicht Jahwe (also: dem Willen Gottes) alleine gehorcht.

Doch geht es uns hier nicht um eine Auseinandersetzung um die „richtige" Deutung dieser berühmten Erzählung, sondern einzig um die bemerkenswerte Einschränkung, die der Jahwist macht, wenn es darum geht, dass der Mensch den Willen Gottes tun soll und es dennoch nicht kann. Es ist nicht nur – oder nicht einmal zuerst? – sein schwacher Wille; denn mit Recht hält Drewermann dem entgegen, dass Eva in dieser Geschichte ja guten Willens ist und der Versuchung das göttliche Gebot entgegenspricht. Vielmehr führt der Jahwist mit der Schlange ein mythisches Element ein, das gleichsam einen „Überschuss" an Energie im Menschen anzeigt, der ihn zum Ungehorsam gegen das göttliche Gebot drängt.

Das aber bedeutet, dass der Verfasser des Textes fühlt, dass der Mensch in seinem Begehren nicht einfach frei ist, so oder so zu entscheiden, sondern *von einer Macht getrieben wird*, die stärker ist als sein „guter Wille". Dann aber wirkt das pädagogische Modell „Ungehorsam, folglich Strafe" ungerecht, also dem Menschen, so wie er ist, nicht mehr gerecht werdend.

Allerdings ist der Jahwist (noch) nicht bereit, daraus ernsthafte Konsequenzen zu ziehen, weil er keine andere Lösung für die Mühsal menschlicher Existenz weiß, als dass sie von Gott als Strafe für den Ungehorsam verhängt wurde.[34]

Hier geht erst das *Buch Ijob* einen Schritt weiter, wenn es den leidenden Menschen mit allen Kräften dagegen aufbegehren lässt, dass sein Elend die gerechte Strafe Jahwes sein soll. Vergeblich versuchen bekanntlich die Freunde Ijob diesen dazu zu bewegen, seine Sünde sich einzugestehen, da Jahwe niemanden ohne Grund so hart bestraft, wie es Ijob erfahren hat. Mit dieser leidenschaftlichen Infragestellung von menschlichem Unglück und Elend als Strafe für den Ungehorsam gegen Gottes Willen ist aber dem Deutungsmuster der Boden entzogen, dass

Jahwe belohnt und straft, je nachdem, ob der Mensch ihm gehorsam ist oder nicht.

An seine Stelle tritt im Buch Ijob ein Gott, dessen überlegener Weisheit der Mensch sich beugen muss, sich eingestehend, dass er „Gott nicht in die Karten schauen kann". Damit ist aber ein Gottesbild aufgegeben, das die Beziehung des Menschen zu Gott als eine solche wie zwischen Vater und Kind sieht und sie deshalb mit den Kategorien von Gehorsam und Ungehorsam, von Lohn und Strafe zu erfassen sucht.

Obwohl diese Infragestellungen im Alten Testament vereinzelt sind, brechen sie doch das pädagogische Modell grundsätzlich auf. Daneben blieb freilich das Bedürfnis, menschliches Wohlergehen und menschliches Elend mit dem Gehorsam oder Ungehorsam gegenüber Gottes Willen, wie er in der Thora festgelegt erschien, zu erklären.

Erst dem Juden Paulus sollte es gelingen, die *grundsätzliche Unfähigkeit* des Menschen, das Gesetz zu erfüllen, festzustellen. Erst er konnte im Lichte seiner Ostererfahrung die Sünde nicht mehr als willentlichen Ungehorsam gegen das Gebot, sondern als den Menschen in seinem Begehren versklavende Macht erkennen.

1. 32 Ohnmächtig gegenüber der Macht der Begierde

Solange die Thora (das Gesetz) die Beziehung zwischen Gott und Mensch bestimmt, hängt alles davon ab, dass der Mensch im Stande ist, das Gesetz zu erfüllen, seinen Weisungen zu folgen und sein Leben danach auszurichten. Heil und Unheil stehen dabei auf dem Spiel: Gehorsam gegenüber den göttlichen Geboten bedeutet Leben, Ungehorsam den Tod.

Liest man aufmerksam die Briefe des Paulus, dann fällt einem auf, welche beherrschende Rolle in ihnen das *Leben* spielt, das Christus ermöglichte, wie abgründig tief entsprechend die *Angst* ist, dem Tod verfallen zu sein. „Mit Christus sterben, um mit Ihm aufzuerstehen" ist deshalb für Paulus die Grundformel der christlichen Erlösungsverheißung:

Denn wenn wir mit dem Bild seines Todes zusammengewachsen sind, so werden wir es erst recht auch (mit dem Bild) der Auferstehung sein. (Röm 6,5)

Woher aber kommt für den gesetzestreuen Juden Paulus das alles durchwirkende Gefühl, „im Todesschatten zu sitzen" (Lk 1,79)? Es kommt aus der Erkenntnis, dass der Mensch, *so wie er nun einmal ist,* unfähig ist, alles zu tun, was das Gesetz fordert. Genau dies aber verlangt das Gesetz, anderenfalls droht dem Menschen der Fluch des Gesetzes: der Zorn Gottes, der Tod:

Denn alle, die Gesetzeswerke tun, stehen unter dem Fluch; steht doch geschrieben: „Verflucht ist jeder, der nicht beharrlich alles tut, was im Buche des Gesetzes geschrieben steht." (Gal 3,10)

Wie aber ist denn nun der Mensch, der außer Stande ist, den Willen Gottes zu tun, wie ihn das Gesetz vorlegt? Es ist der von der Sündenmacht beherrschte Mensch, den Paulus auch „Fleisch" nennt, weil diese Macht die Begierde(n) anstachelt, die im Leib ihren Sitz haben:

Darum soll die Sünde nicht mehr in eurem sterblichen Leib herrschen, dass ihr seinen Begierden gehorcht, … (Röm 6,12)

Denn solange wir noch im Fleische lebten, wirkten die durch das Gesetz erregten sündhaften Leidenschaften in unseren Gliedern, sodass wir Frucht brachten für den Tod. (Röm 7,5)

Inwiefern aber werden die „Leidenschaften", also die Begierde, „durch das Gesetz" erregt? Auch darauf antwortet Paulus im selben Kapitel:

… Ich hätte die Sünde nicht kennen gelernt, wenn es nicht durch das Gesetz geschehen wäre. Ich wüsste nichts von der Begierde, wenn das Gesetz nicht sagte: „Du sollst nicht begehren!" Nachdem aber die Sünde durch das Gesetz einen Anlass empfangen hatte, hat sie in mir jedwede Begierde geweckt … (Röm, 7,7–8)

Durch die Sündenmacht wurde nach Paulus das Gesetz in sein Gegenteil verkehrt: Es sollte ja (indem es erfüllt wird) zum Leben (mit Gott) führen; tatsächlich wurde es aber zu einer Todesfalle:

Denn die Sünde, die durch das Gebot einen Anlass empfangen hatte, hat mich getäuscht und mich eben durch das Gesetz getötet. (7,11)

Denn das Gesetz fordert für den, der sündigt, den Tod. Das ist sein Fluch. Deshalb ist der Mensch nach Paulus verloren, solange er „im (von der Sündenmacht beherrschten) Fleische" ist, weil er den Willen Gottes gar nicht tun *kann:*

Das Trachten des Fleischs ist ja Feindseligkeit gegen Gott; denn es ordnet sich dem Gesetz Gottes nicht unter, kann es gar nicht. (Röm 8,7)

Diese Ohnmacht des Willens beschreibt Paulus auch als die Unfähigkeit, das Gute zu tun, worum ich eigentlich „weiß", dass ich es tun sollte, sodass ich innerlich zerrissen bin:

Was ich tue, verstehe ich nicht. Denn ich tue nicht, was ich will, sondern was ich hasse, das tue ich ... Denn das Gute zu wollen, dazu bin ich bereit, aber nicht, es auszuführen.

Ich tue nämlich nicht das Gute, das ich will, vielmehr was ich nicht will, das Böse, das tue ich ... Denn ich habe dem inneren Menschen nach Freude am Gesetz Gottes. Aber ich sehe ein anderes Gesetz in meinen Gliedern, das dem Gesetz meiner Vernunft widerstreitet und mich in dem Gesetz der Sünde, das in meinen Gliedern ist, gefangen hält. (Röm 7,15.18–19.22–23)

Mit dieser Einsicht, dass es für den Menschen unmöglich ist, das Begehren mit dem Willen Gottes in Einklang zu bringen, hat Paulus grundsätzlich eine Gottesbeziehung aus den Angeln gehoben, die den Gehorsam gegenüber den Geboten (und die Bestrafung wegen Ungehorsams) zum zentralen Inhalt macht. Was Paulus in mythologischer Redeweise als „Gesetz der Sünde" oder als „Sündenmacht" bezeichnet, nimmt vorweg, was S. Freud Jahrhunderte später als das auf weite Strecken unbewusste „Es" beschreibt, das den Menschen in seinem Handeln unabhängig von seinem bewussten Wollen bestimmt.

Freilich hat Paulus – und erst recht die Theologen nach ihm – die Tragweite seiner Entdeckung nicht erkannt. Zu sehr blieb er als Jude doch dem pädagogischen Modell innerlich verpflichtet, als dass er es hätte aufgeben können. Und so will er die Taufe als „Tod des fleischlichen Menschen" und den Beginn einer neuen Existenz verstanden wissen, die dem Menschen nunmehr den Willen Gottes, die Gebote der Thora, aus der Kraft des „Geistes Christi" tun lässt:

> Wandelt im Geiste, dann werdet ihr das Begehren des Fleisches nicht befriedigen. (Gal 5,16)

Da Paulus so dem Menschen die Fähigkeit, das Gesetz zu erfüllen, zurückgegeben hat, kann er auch die alte Vorstellung aufrechterhalten, dass da am Ende des Lebens ein Richter-Gott Lohn und Strafe je nach Verdienst verteilt. Der einzige Unterschied ist der, dass der göttliche Richter Christus heißt:

> Denn wir alle müssen vor dem Richterstuhl Christi offenbar werden, damit ein jeder (seine Vergeltung) empfange für das, was er während des Lebens im Leibe vollbrachte, sei es gut oder böse. (2 Kor 5,10)

So konnte auch für das Christentum das jüdische Gottesverständnis aufrechterhalten bleiben, zumal die Taufe sehr bald nicht mehr als persönliche Entscheidung für Christus verstanden wurde, sondern zum Aufnahmeritual in die Kirche wurde, die nun mit ihrer Mahnung, Drohung und Warnung Zugriff auf die „Gläubigen" hatte. Dass der Mensch durch die Taufe „ein neuer Mensch" würde, der trotz aller Schwäche, grundsätzlich den Willen Gottes (den nun die Kirche autoritativ verkündete) erfüllen konnte, wenn er nur wollte, wurde einfach vorausgesetzt.

Das „neue Gottesvolk" machte sich zur Disziplinierung seiner Mitglieder und um neue zu gewinnen die „göttliche Pädagogik" des „alten" zu eigen.

Und so gewann nicht die paulinische Erkenntnis, dass der Mensch vor Gott nichts leisten muss, um von ihm angenommen zu werden, die Oberhand, sondern die Angst, bei der Endabrechnung nicht zu bestehen. In die Herzen brannte sich nicht die Botschaft *„Zur Freiheit hat Christus uns befreit"(Gal 5,1)*, sondern die Mahnung: *„Wirkt ... euer eigenes Heil mit Furcht und Zittern!" (Phil 2,12)*.

In einem mühsamen Prozess, der mit der Aufklärung begann und der am Ende des 20. Jahrhunderts noch nicht abgeschlossen ist, haben sich die Menschen von dieser tiefsitzenden Angst zu befreien versucht und suchen nach neuen Wegen, um sich selbst in der unaufhebbaren Spannung zwischen Begierde und Streben nach dem Absoluten zu begreifen.

Einer der Wege ist der, unter der Last des jüdisch-christlichen Erbes als Modell lebenswerten Lebens den *authentischen Jesus von Nazaret* zu finden. Diesen Weg zu verfolgen ist spannend. Er ist eng verbunden mit der historisch-kritischen Erforschung der Bibel, die als wichtigstes Ergebnis zu Tage gefördert hat, dass der größte Teil der neutestamentlichen Jesusworte dem Denken und Fühlen der Urkirche zu verdanken ist und nicht auf Jesus selbst zurückgeht.

Mehr und mehr wird heute klar, dass Menschen nur dann noch – oder wieder – eine Beziehung zum Religiösen bekommen, wenn sie *eigene Erfahrungen* machen können, die es ihnen ermöglichen, ihrem Leben Tiefe und Sinn zu geben. Nur in dem Maß, wie die christliche Religion zu solchen Erfahrungen Anstöße und Hilfen zu geben vermag, wird sie – in Konkurrenz zu anderen Sinnangeboten! – lebendig bleiben können. Sie kann dies letztlich aber nur dann glaubwürdig tun, wenn sie zeigt, dass ihr „Begründer", Jesus von Nazaret, nicht einfach in eine Reihe mit den alttestamentlichen Propheten zu stellen ist, die alle dem pädagogischen Modell verpflichtet waren, sondern dass er radikal damit gebrochen hat.

Nur wenn Jesus selbst ein *Mystiker* war, kann das Christentum, wie Biser meint, eine mystische und keine moralische Religion sein.[35]

2. Die Gerichtstexte des Neuen Testaments

2.1 Die exegetische Untersuchung von Marius Reiser

Der Haupteinwand gegen die Behauptung, Jesus habe ein neues Gottesbild verkündigt, nämlich den liebenden, barmherzigen Vater, besteht in dem Hinweis darauf, *dass auch Jesus das Gericht gepredigt habe.*

Dies nachzuweisen hat sich eine Untersuchung bestimmter neutestamentlicher Textstellen zum Ziel gesetzt, die Marius Reiser vorgelegt hat.[36] Wie schon der Titel verrät, will Reiser zeigen, dass Jesu Gottesreichpredigt als Fortsetzung alttestamentlicher Prophetie und im Rahmen der frühjüdischen Frömmigkeit verstanden werden muss. Das einzig „Neue" gegenüber der prophetischen Gerichtspredigt, wie sie zum Beispiel bei Johannes dem Täufer begegnet, ist nach Reiser eine Akzentverschiebung, weil Jesus *zuerst* das Heil, und erst in zweiter Linie das Gericht verkündet habe. Das ändert aber nichts an der grundsätzlichen Feststellung:

> *Das Gericht ist die Kehrseite des Heils und seine notwendige Voraussetzung.*[37]

Das aber heißt im Klartext: Auch Jesus hat die Ansage des Heils von der Forderung der Umkehr abhängig gemacht, der durch die Drohung mit dem Gericht Nachdruck verliehen wird.

Um das zu zeigen, bietet Reiser einen ausführlichen Überblick über alttestamentliche und frühjüdische Schriften, die zweifellos belegen, dass der Gedanke des kommenden Gerichts, der die Spreu vom Weizen scheiden wird, eine zentrale Rolle spielte: Wenn Gott endlich „am Ende der Zeiten" kommen wird, dann um den „Gerechten" ihren Lohn, den „Sündern" ihre Strafe als Richter zukommen zu lassen. Angefangen bei der Drohung mit dem „Tag Jahwes" bei den Propheten (Joel 2,3; Am 5,20, Zef 1,15; Jes 13,6.13.34 u.v.a.) über die Psalmen (97,8-12; 50; 37), das Buch Daniel (7,6ff.) bis zu den apokryphen Schriften Henoch, Jubiläen, Testament des Mose, Buch der zwölf Patriarchen und 4 Esra wird das Gericht über die „Gottlosen" mehr oder weniger ausführlich geschildert.

So heißt es, um wenigstens eine kleine Kostprobe aus dem Alten Testament zu geben, in der Schrift eines nachexilischen Propheten (sog. „Tritojesaja") am Schluss eines apokalyptischen Gedichts:

> *Denn seht, Jahwe kommt im Feuer, dem Sturmwind gleich sind seine Wagen, um in Glut seinen Zorn auszulassen und sein Schelten in lodernden Flammen.*
>
> *Denn mit Feuer wird Jahwe Gericht halten und mit dem Schwert über alles Fleisch, und zahlreich werden die von Jahwe Erschlagenen sein. (Jes 66,16)*

In einer ebenfalls sehr späten Schrift (wohl erst im 1. Jahrh. v. Chr.), die aber nachweislich großen Einfluss auf das Denken der ersten christlichen Generation ausübte, im Buch der Weisheit, wird das Schicksal der Gerechten mit dem der Gottlosen verglichen (Kapitel 1–5) und Strafe angedroht:

> *Die Gottlosen aber werden gemäß ihrer Gesinnung Strafe erleiden, sie, die den Gerechten verachteten und von dem Herrn abgefallen sind. (Weis 3,10)*
>
> *Zitternd erscheinen sie zur Abrechnung ihrer Sünden, und ihre Missetaten treten als Ankläger gegen sie auf. (Weish 4,20).*

Reiser resümiert: Die Schriften aus 700 Jahren „lassen als eschatologisches Grundmuster die Erwartung eines Gerichts erkennen, das zur Verdammnis der einen und zum Heil der anderen führt"[38].

Wenn Reiser sodann eine Reihe von „Gerichtsworten" aus den Evangelien bespricht, die Jesus in den Mund gelegt werden, um sie als „echte Jesusworte" mit exegetischen Argumenten zu erhärten, dann kann er sich diese Mühe eigentlich ersparen.

Denn wenn Jesus fraglos als Jude in dem Sinn verstanden werden muss, dass er die Anschauungen der jüdischen Frommen übernahm und sich in einer Linie mit den alttestamentlichen Propheten sah, dann erübrigt sich der Nachweis von Einzelbelegen. Dazu kommt, wie die unterschiedlichen Meinungen in der Exegese zu bestimmten Stellen immer wieder zeigen, dass allein auf literarkritischer Basis ein sicheres Urteil über die „Echtheit" von Jesusworten kaum zu gewinnen ist. Vielmehr ist die Auslegung immer von Vorentscheidungen über den *Gesamttenor der Jesusverkündigung* abhängig.

Wir können es uns deshalb auch ersparen, die von Reiser besprochenen Stellen, die er hauptsächlich der so genannten „Logienquelle" (soweit man sie aus Matthäus und Lukas rekonstruiert) entnimmt, im Einzelnen zu besprechen und die Argumente zu nennen, die andere Exegeten anführen, um diese gerade als „sekundär" (das heißt: nicht auf Jesus selbst zurückgehende) Worte zu erweisen.[39]

Entscheidend ist also nicht die Überzeugungskraft der Einzelauslegung Reisers, sondern seine Grundthese, dass Jesus die Umkehrpredigt des Täufers fortgeführt und nur die Akzente anders gesetzt habe. Zwar ist auch Reiser der Meinung, Jesus wecke „zuerst die Hoffnung auf das endgültige Heil und erwarte Umkehr vor allem als Konsequenz aus der Nähe, ja sichtbaren Gegenwart dieses Heils in seinen Taten"[40]. Aber der Ton liegt bei ihm eben auf dem „zuerst". In der Hinterhand hat Jesus nach ihm nach wie vor das Gericht. Und wenn die Leute nicht hören wollen, dann wird auch damit massiv gedroht.

2. 2 Jesusdeutung in der Tradition der Propheten

Nun gehört heute zweifellos zu den gesichertsten Erkenntnissen der Exegese, dass die gesamte Jesusüberlieferung der Evangelien nicht die „Stimme Jesu" selbst referiert, sondern die Anschauungen der Urgemeinde über Jesus. Das, was die Evangelien Jesus in den Mund legen, ist also zunächst einmal das, was die ersten christlichen Theologen über Jesus dachten, wie sie ihn sahen und wie sie ihn gesehen haben wollten. Ob und in welchem Maße ursprüngliche Jesusworte dabei erhalten blieben, das zu entscheiden ist eine sehr schwierige Frage.

Da von vorneherein alle Texte wegfallen, in denen Jesus von sich selbst in dem Sinn redet, dass er der Messias oder Menschensohn oder gar der Sohn Gottes sei, bleiben nicht viele Texte übrig. Denn darüber sind sich nahezu alle Bibelausleger einig: Jesus hat nicht sich selbst verkündet, sondern das „Reich Gottes". So bleiben im Wesentlichen einige wenige Notizen über Heilungen Jesu und Gleichnisse.

Damit aber ist jeder ernsthaften Diskussion darüber, ob Jesus eine der neutestamentlichen Gerichtsdrohungen „verkündet" habe, der Boden entzogen. Sie können nur – das allerdings mit guten Argumenten – vor dem Hintergrund urchristlicher Jesusdeutung und missionarischen Eifers verstanden werden. Nicht Jesus, wohl aber die Urgemeinde knüpfte an die prophetische Tradition, besonders an Johannes den Täufer, und die frühjüdischen Anschauungen an, die ihnen ja *als wichtigste Deutungsmuster* zur Verfügung standen.

Die meisten der in Frage kommenden Texte, in denen vom Gericht die Rede ist, reden vom „Menschensohn". Dieser begegnet im 7. Kapitel des Buches Daniel als von Jahwe eingesetzter Richter, dem die „Königsherrschaft" gegeben wurde:

Da standen Throne aufgestellt, und ein Hochbetagter setzte sich ... Ein Strom von Feuer ging von ihm aus und floss daher. Tausendmal Tausende dienten ihm, und zehntausendmal Zehntausende standen vor ihm. Gericht wurde gehalten, *und es wurden Bücher aufgeschlagen ... Ich war noch immer in der Beschauung der nächtlichen Gesichte, da kam auf den Wolken des Himmels eine Gestalt wie ein* Menschensohn; *er gelangte bis zu dem Hochbetagten und wurde vor diesen geführt.*

*Ihm wurde nun Macht und Herrlichkeit und die Königs-
herrschaft gegeben. Alle Völker, Nationen und Sprachen sollten ihm dienen. Seine Herrschaft sollte eine ewige Herrschaft
sein, die nie vergehen wird, und sein Königtum sollte niemals
untergehen. (Dan 7,9–10.13–14).*

Da wir davon ausgehen dürfen, dass die Urgemeinde, wie das
ganze Neue Testament bezeugt, die damals in allen Gruppierun-
gen lebendige Erwartung des baldigen Kommens Gottes (escha-
tologische Erwartung) teilte, wundert es überhaupt nicht, wenn
auch Jesus im Horizont dieser Erwartung gedeutet wurde: *Er ist*
dieser in der Apokalypse des Daniel beschriebene „Menschensohn", dem die Herrschaft über die Völker gegeben wurde.

Zugleich wird deutlich, wie auch der – noch zu besprechende –
Missionsauftrag daraus abgeleitet werden konnte. Da das Buch
Daniel unter die Propheten gezählt wurde, lag es auch nahe, die
prophetische Tradition daraufhin „abzuhören", was sie über den
Messias Jesus zu sagen hatte. Hatte nicht diesen Jesus das Schicksal der Propheten ereilt, dass er nicht gehört, sondern verachtet
und getötet wurde? Nun aber musste, nachdem einige Zeugen
diesen gekreuzigten Jesus als „zur Rechten Gottes erhöht" und
„zum Messias eingesetzt" geschaut hatten, dieser Prophet in seinen Anhängern ans Werk gehen, alle Völker zum Dienst an ihm
zwingen:

> *Gehet hin und machet alle Völker zu Jüngern und taufet sie
> auf den Namen des Vaters und des Sohnes und des Heiligen
> Geistes. (Mt 28,19)*

Was lag näher, als dies mit denselben Mitteln zu versuchen, mit
denen es schon immer die Propheten versucht hatten, nämlich
mit der Drohung des Gerichtes, falls sie sich nicht „bekehrten"?
Dass offenbar ein großer Teil der ersten Anhängerschaft Jesu aus
ehemaligen Johannesjüngern stammte, die Wert darauf legten,
dass die Umkehrpredigt ihres Meisters fortgesetzt wurde, bezeugt alleine die Tatsache, dass die *Taufe* von den Christen über-

nommen wurde, die ganz sicher nicht auf Jesus zurückgeht. Jesus taufte nicht.

Nicht im Wirken Jesu dürfen wir also den Grund dafür suchen, dass Jesus als Prophet gedeutet und dargestellt wird, sondern in der Urgemeinde, die das Ärgernis des schrecklichen Todes Jesu deuten musste und die zu einem beträchtlichen Teil aus ehemaligen Jüngern Johannes' des Täufers bestand. Dass diese ihre Tradition und das Andenken ihres Meisters mit Jesus verbunden haben wollten, das bezeugen alle Evangelien in reichem Maße.

Wenn aber die urchristlichen Wandermissionare, von denen noch ausführlicher zu reden sein wird, den prophetischen Umkehrruf des Täufers aufgreifen und mit der Strafandrohung des Gerichts unterstreichen wollten, dann lag es nahe, schon Jesus mit der prophetischen Tradition zu verbinden und ihn im Stil dieser Propheten auftreten zu lassen.

Schauen wir uns unter diesem Aspekt die von Reiser herangezogenen Schriftstellen einmal näher an, dann können wir unschwer feststellen, dass sie alttestamentliche Prophetentexte als Hintergrund haben:

Die Männer von Ninive werden beim Gericht zusammen mit diesem Geschlecht auftreten und es verurteilen. Denn sie haben sich auf die Predigt des Jona hin bekehrt, und siehe, hier ist mehr als Jona. Die Königin des Südens wird beim Gericht zusammen mit diesem Geschlecht auftreten und es verurteilen. Denn sie kam von den Enden der Erde, um die Weisheit Salomos zu hören. Und siehe, hier ist mehr als Salomo. Mt 12,41f. (vgl. Lk 11,31f)

Im Hintergrund dieses Textes steht nicht nur die Erzählung von Jona, auf dessen Predigt hin sich die Leute von Ninive bekehrten (Jona 3), sondern auch Ezechiel:

Menschensohn, mache dich auf und gehe zum Hause Israel und rede mit meinen Worten zu ihnen. Denn nicht zu einem Volk mit unverständlicher Sprache ... wirst du gesandt, sondern

zum Hause Israel, auch nicht zu vielen Völkern mit unverständ-
licher Sprache und schwerfälliger Zunge, deren Reden du nicht
verstehst. Hätte ich dich zu ihnen gesandt, sie würden dich hö-
ren. Aber das Haus Israel wird dich nicht hören wollen, denn
sie wollen auch mich nicht hören, denn das ganze Haus Israel
hat eine harte Stirn und ein verstocktes Herz. (Ez 3,4–7)

Wir erkennen unschwer, wie dieser Text aus dem Propheten
Ezechiel die Situation der urchristlichen Verkündiger genau zu
treffen schien. Zugleich verband er den „Menschensohn" aus
Daniel 7 mit dem irdischen Jesus als dem „Menschensohn", der
bereits Menschen mit verstocktem Herzen predigen musste.

Wehe dir, Chorazin! Wehe dir, Betsaida! Denn wenn in Tyrus
und Sidon die Machttaten geschehen wären, die bei euch ge-
schehen sind, längst hätten sie sich in Sack und Asche bekehrt.
Aber ich sage euch: Tyrus und Sidon wird es erträglicher erge-
hen am Tage des Gerichts als euch. Und du Kapharnaum: Wirst
du wohl bis zum Himmel erhoben werden? Bis zur Unterwelt
wirst du hinabfahren! Denn wenn in Sodom die Machttaten
geschehen wären, die in dir geschahen, es stünde noch bis auf
den heutigen Tag. Aber ich sage euch: Dem Lande Sodom wird
es erträglicher ergehen als dir am Tage des Gerichts. (Mt 11,21–
24; vgl. Lk 10,13-15)

Total verdorbene (Sodom) und heidnische Städte (Tyrus und
Sidon) bekehren sich eher als das Volk Israel. Dieses Ver-
kündigungsschema kennen wir bereits. Dazu kommt ein Zitat
aus dem Propheten Jesaja:

Du plantest in deinem Herzen: „Zum Himmel will ich steigen,
meinen Thron über Gottes Sterne setzen … Ich will zu Wolken-
höhen mich erheben, gleich sein dem Allerhöchsten. Doch hin-
abgestürzt bist du in die Scheol (Unterwelt), in die allertiefste
Tiefe. (Jes 14,13–15).

Ich sage euch aber: Viele werden von Osten und Westen kom-
men und mit Abraham und Isaak und Jakob im Himmelreich
zu Tische liegen. Die Söhne des Reiches aber werden hinaus-

gestoßen werden in die Finsternis draußen. Dort wird Heulen
und Zähneknirschen sein. (Mt 8,11f.; vgl. Lk 13,28f.)

Schon lange ist erkannt, dass Matthäus den Satz vom „Heulen
und Zähneknirschen" besonders schätzt, den er offensichtlich
der sogenannten Logienquelle entnahm (vgl. Lk 13,28). Er wiederholt ihn immer wieder (z.B. 13.42; 22,13; 24,51;25,30).
Der Gedanke von der Völkerwallfahrt nach Jerusalem (bzw. dem
heiligen Berg Zion) findet sich mehrfach bei den Propheten.
Jes 25,6 spricht ausdrücklich von einem Mahl, das Jahwe dann
bereiten wird:

> *Jahwe Zebaot wird allen Völkern ein fettes Mahl bereiten auf*
> *diesem Berg, ein Mahl von abgelagerten Weinen …*

Der überwiegende Teil der Jesus zugeschriebenen Gerichtsworte
in den Evangelien findet sich in der so genannten Logienquelle.
Hatte man lange Zeit angenommen, dass es sich hier um eine
frühe Sammlung von „Herrenworten" handelt, die später die
Evangelisten Matthäus und Lukas in ihre Evangelien einbauten,
so hat die intensive Forschung der Exegeten inzwischen ein anderes Bild vermittelt: Man erkennt inzwischen in dieser „Quelle" eine Schrift mit einer ganz eigenen „Christologie", also einem bestimmten Jesusbild, und vermutet eine oder mehrere Gemeinden, die dieses hatten. Keineswegs handelt es sich hierbei
um schriftlich fixierte „mündliche Tradition", die sozusagen zunächst neben dem Markusevangelium (bzw. dessen „Stoffen")
existiert habe, bevor sie dann in die „Großevangelien" Matthäus
und Lukas wieder Eingang fand. Markus kennt jedenfalls die
Logienquelle noch nicht. Seine „Spruchüberlieferung" ist im
Wesentlichen apokalyptisch gefärbt und wird von ihm zum Teil
nur mit Mühe in seine theologische Konzeption eingearbeitet.[41]
Die Logienquelle aber deutet Jesu Tod als Prophetenschicksal
(Lk 13,34 par) und lässt den großen Einfluss ehemaliger Johan-
nesjünger erkennen. Deshalb scheint es mir auch unwahrscheinlich, dass sie sozusagen das „Evangelium" einer bestimmten
Gemeinde war. Überzeugender ist vom Tenor der Texte her, dass

es sich um das „Handbuch" der urchristlichen Wandermissionare gehandelt hat, die damit das Rüstzeug für ihre Predigt bekamen.

Im Zusammenhang mit ihrer Aufgabe, die sie sich gestellt hatten, bekommen die Gerichtsdrohungen einen guten Sinn. Ganz im Sinne der prophetischen Vorbilder sollte sie die Abseitsstehenden zur Umkehr bewegen. Walter Simonis beschreibt die Situation damals sehr treffend:

> Man kann sich unschwer vorstellen, dass die Verkündigung, der Menschensohn werde zum Gericht kommen … nicht für jeden Hörer ein Anlass war, sich sogleich dem neuen Glauben anzuschließen. Dann ist es historisch-soziologisch nur zu verständlich, wenn solche Ablehnung auf Seiten der Gemeinde bzw. ihrer führenden Leute nicht ohne Reaktion blieb. Solche Reaktionen sind uns literarisch greifbar in den Drohungen gegenüber denen, die sich der neuen Botschaft verweigerten, als auch in den Ermahnungen und Verheißungen an die eigenen Gemeindemitglieder …

Und zu den Drohworten in der so genannten „Aussendungsrede" führt Simonis aus:

> Die Logien, in denen Sodom als abschreckendes Beispiel genannt und bestimmten Städten ein schreckliches Schicksal vorhergesagt wird, sind ohne Zweifel ebenfalls Gemeindebildungen. Die Unauthentizität dieser Drohworte [vgl. oben unter b)] … erhellt daraus, dass hier heftigste Polemik in generalisierender Form vorliegt, die zudem mit Anspielungen bzw. Zitaten aus der Schrift (Sodom; Ninive; Kapharnaum: Jes 14, 13.15) verstärkt ist. Die Botschaft vom Reiche Gottes wird zugleich zu einer Drohung – ganz konsequent zwar, wenn Jesus der Menschensohn und zum Gericht Kommende ist, aber in stärkstem Widerspruch stehend zu dem, was sich historisch-kritisch von seiner eigenen Verkündigung erkennen lässt. Dass der historische Jesus die Bekehrung ganzer Städte, dass er Buße und Umkehr in Sack und Asche erwartet hätte, ist nun einmal

historisch ausgeschlossen, wenn anders unerklärlich wäre, wie
es zu dem Schimpfwort vom Schlemmer und Prasser kommen
konnte.[42] *(Mt 11;Lk 10)*

2.3 Strafandrohung als Mittel innerkirchlicher Ermahnung

Schon längst ist auch erkannt, dass die von Jesus erzählten
Gleichnisse in der Mehrzahl Ergänzungen und Deutungen durch
die Urkirche erfuhren, und dass dazu vor allem auch die besonders bei Matthäus sich findenden Schlussbemerkungen von den
Strafaktionen gehören.

Ein sprechendes Beispiel ist das „Gleichnis vom unbarmher-
zigen Schuldner" (Mt 18,23–35), das bekanntlich davon erzählt,
dass ein König, der Abrechnung hielt, einem seiner Knechte eine
unvorstellbar hohe Schuldensumme erlässt, der aber einen Mit-
knecht wegen einer Bagatellschuld ins Gefängnis werfen lässt.
Der ursprüngliche Schluss des Gleichnisses dürfte mit Vers 33
geendet haben: *Hättest nicht auch du dich deines Mitknechtes*
erbarmen müssen, so wie ich mich deiner erbarmt habe?

Aber damit konnte sich der Evangelist von seinem Verständnis von Gerechtigkeit her nicht zufrieden geben. Deshalb fügt
er an:

Und voll Zorn übergab ihn der Herr den Folterknechten, bis er
ihm die ganze Schuld bezahlt hätte. So wird auch mein himm-
lischer Vater mit euch verfahren, wenn nicht jeder von euch
seinem Bruder von Herzen verzeiht. (Mt 18,34–35)

Mit Recht stellt Georg Baudler dazu fest:

Wenn in VV 31–34 dann weiter erzählt wird, dass der Herr sei-
ne unendliche Zuwendung zum Menschen … widerruft und
diesen den Folterknechten übergibt (…), dann ist damit der
erste Teil des Gleichnisses entwertet; der Herr hat dann seine
Zuwendung gleichsam nur probehalber gegeben, um seinen
Knecht zu prüfen, ob er sich auch gut zu seinen Mitknechten

verhält. So jedoch verliert das Gleichnis an Aussagekraft und fügt sich nicht mehr in die Grundbotschaft Jesu, dass die Himmel bereits geöffnet sind und der Gottesatem des Erbarmens unwiderruflich auf die Menschen herabströmt.[43]

Voll verständlich wird aber die von Matthäus vorgenommene Korrektur, wenn wir uns klar machen, dass es offensichtlich zur Ermahnung der Gemeinden gehörte, ihnen auch handfest zu drohen, wenn sie nicht das richtige Verhalten an den Tag legten. Im Gleichnis vom „königlichen Hochzeitsmahl" (Mt 22,2–14;Lk 14,16–24) zeigt bereits ein Vergleich mit Lukas, dass auch hier wieder Matthäus seinen eigenen Schluss angefügt hat:

Lässt Lukas den Mann, der zum Gastmahl eingeladen hatte, am Ende feststellen, dass keiner der Eingeladenen von dem Mahle kosten wird (Lk 14,24), fügt Matthäus an:

Als aber der König hineinging, um sich die Gäste anzusehen, sah er dort einen Menschen, der kein Hochzeitsgewand anhatte. Da sprach er zu ihm: „Freund, wie bist du hereingekommen ohne ein Hochzeitsgewand?" Der aber verstummte. Da sprach der König zu den Dienern: „Bindet ihm Hände und Füße und werft ihn hinaus in die Finsternis draußen. Dort wird Heulen und Zähneknirschen sein." Denn viele sind berufen, wenige aber auserwählt. (Mt 22,11–14)

Fraglos ist auch der von Lukas angefügte Schlusssatz („Ich sage euch nämlich: Keiner von jenen Männern, die eingeladen waren, wird von meinem Mahle kosten.") kein Jesuswort:

Mit „euch" lässt Lukas den Gastgeber [des Gleichnisses] die Hörer und Leser seines Evangeliums ansprechen. Diese zählen ja zu den schon herbeigeholten und noch herbeizuholenden Ersatzgästen = Heidenchristen ... Diese mahnt er abschließend eindringlichst, die große Chance der Heilserlangung nicht zu verscherzen, damit es ihnen nicht ergehe wie jenen sich verweigernden Eingeladenen, von denen keiner das Mahl des Gastgebers kosten wird.[44]

Das Gleichnis endete bei Jesus mit der Einladung der Menschen auf den Landstraßen und an den Zäunen (Lk 14,23). Das passt genau zu seinem sonstigen Verhalten gegenüber den Ausgegrenzten und Ausgestoßenen. Aber Matthäus hat das Gleichnis, wie man leicht erkennt, wieder für die innerkirchliche Ermahnung genutzt: Man muss würdig zum Mahl hinzutreten, sonst wird man verworfen.

3. Jesus, der Mystiker

3.0 Kurze Vorbemerkung zu „Mystik"

Da es keine allgemein anerkannte Definition von „Mystik" gibt, ist eine kurze Vorbemerkung dazu angebracht, wie der Begriff hier verwendet wird. Er meint nicht irgendein nicht fassbares, irrationales Erleben, möglichst noch verbunden mit besonderen körperlichen Sensationen; auch nicht die außergewöhnliche Gabe der „Schau", wie sie von den großen Mystikerinnen und Mystikern in der christlichen Tradition berichtet wird.

Vielmehr wird hier Mystik in einem weiten, religionsgeschichtlichen Sinn als „die das gewöhnliche Bewusstsein und die verstandesmäßige Erkenntnis übersteigende, unmittelbare Erfahrung der göttlichen ... Realität"[45] verstanden. Jesus als Mystiker zu bezeichnen besagt also in erster Linie, dass Wort und Tat bei ihm nicht einfach als Verlängerung oder Vertiefung der (vor allem prophetischen) Tradition jüdischer Gotteserfahrung verstanden werden können, sondern seiner *unmittelbaren Erfahrung* mit Gott entspringen.

3.1 Jesus schweigt

Was hat er denn eigentlich wirklich *gesagt*, während er durch die Dörfer Galiläas zog? Im Prozess vor Pilatus, so berichten die Evangelien, habe Jesus geschwiegen. Und vorher?

Die heutige Exegese ist sich weithin einig darüber, dass ein Groß-
teil der Jesus in den Mund gelegten Sätze von so genannten
urchristlichen Propheten stammen, also nach Ostern formuliert
wurden. Auch wenn der Umfang der authentischen Jesusworte
verschieden bestimmt wird: groß ist er nicht, sondern verschwin-
dend klein.

Woher kommt das? Hatten die Jünger so ein schlechtes Ge-
dächtnis?

Das ist kaum anzunehmen. Eher müssen wir uns mit der Tatsache vertraut machen, dass die Evangelien nicht Aufzeichnun-
gen vom Reden und Tun des historischen Jesus sind, sondern
der Versuch, die *Ostererfahrung* in Form von Erzählungen an den
Jesus zu binden, der nach einer kurzen Zeit öffentlichen Auftre-
tens hingerichtet wurde. Zwar lesen wir am Schluss des Johannesevangeliums, dass die ganze Welt die Bücher nicht fassen
könnte, wenn man alles aufschreiben würde, was Jesus getan
hat (Joh 21,25); aber diese Meinung des Herausgebers des Johannesevangeliums kann kaum wörtlich genommen werden,
gelten doch die meisten dort erzählten „Taten" Jesu nach dem
übereinstimmenden Urteil der Exegeten nicht als historisch,
sondern als symbolische Geschichten, die dem Glauben an Jesus als den Gesandten Gottes dienen sollen.

Der gesunde Menschenverstand gibt die Frage ein: Hätte man
denn in die Evangelien, die sich doch als Schilderung des Auf-
tretens Jesu verstehen, so viele „Glaubensgeschichten", also *un-
historische* Erzählungen von Jesu Taten aufgenommen, wenn
man in Überfülle authentische „Fallschilderungen" zur Verfügung gehabt hätte? In Wirklichkeit muss also das, was zur Verfügung stand, als man daran ging, den *historischen Jesus* zu zeichnen, äußerst dürftig gewesen sein.

Das Bedürfnis dazu stand ja auch keineswegs am Anfang des
„Christentums". Im Gegenteil: Der historische Jesus, der so ganz

und gar „unmessianisch" auftrat, interessierte nicht. Das gilt sicher nicht nur für Paulus. Es interessierte allein der in den Auferstehungsvisionen „geschaute" *Christus*, der, „zur Rechten Gottes erhöht", als Richter-Menschensohn wiederkommen wird, um die Seinen zu sich zu holen. *Er* sprach durch den Mund urchristlicher Propheten zu seiner Gemeinde, zu den Missionaren und zu dem weiter ungläubig bleibenden Volk Israel.

Es brauchte keine „authentischen Jesusworte". Solche kursierten eher in Kreisen außerhalb des offiziellen Christentums, wie W. Schmidthals zu Recht vermutet.[46] Erst spät, sehr spät, haben sie Eingang in die Überlieferung gefunden.

Die Evangelien reflektieren den *Messias Jesus* und seine Bedeutung für die Gemeinden.

Sie gründen also in der „Schau" des Erhöhten und seiner Deutung durch die urchristliche Prophetie, die als geistgewirkt angesehen wurde.

Das aber heißt: Die Evangelien sind

1. Zeugnisse urchristlicher *Mystik*, was insbesondere am Johannesevangelium deutlich wird, aber nicht nur an ihm. Den Auferstandenen betrachtend, der gleichzeitig der Gekreuzigte ist (wie Paulus nicht müde wird, zu betonen), erhalten die frühen Gemeinden ein *Wissen* darüber, worum es jetzt geht, wer Gott ist und wer Jesus ist.

2. Eine Sammlung urchristlicher Erfahrungen früher Missionsarbeit und des Gemeindelebens. Diese wurden in eine Jesusgeschichte so eingefügt, dass Jesus als maßgebende Autorität beansprucht wird, der diese Maßnahmen und Entwicklungen initiierte.

3. Zweifellos sind die Evangelien auch Zeugnis vom historischen Jesus.

Erst spät, wahrscheinlich als die Gefahr bestand, dass dieser Christus zu einer „Idee" wurde, die verschiedene Namen tragen konnte (wie „Logos" oder „die Weisheit"), bestand das Bedürf-

nis, ihn an den Jesus von Nazaret, den historischen Jesus, zurück-
zubinden.

Wer war er, und was verbindet ihn mit der Erfahrung des Auferstandenen?

Ganz sicher das, was er über Gott und sein Kommen in diese
Welt („Reich Gottes") gesagt und in seiner Lebensweise verdeutlicht hatte. Denn eines ist heute unzweifelhaft: *Jesus hat nicht
sich selbst verkündet*, sondern einzig Gott. Alle Worte, in denen
Jesus in den Evangelien *seine* Bedeutung für die Menschen zum
Gegenstand macht, sind nachösterliche Zeugnisse der urchristlichen Mystik.

3.12 Die Ostererfahrung als Basis der Jesusüberlieferung

Schon immer hat eigentlich verwundert, dass wir in den Evangelien zwar mehrere und verschiedene „Berichte" über Erscheinungen des Auferstandenen haben, aber keine Darstellung dessen, was den Jüngern in der Erfahrung des Auferstandenen zuteil wurde. Lediglich Paulus kommt in seinen Briefen stellenweise
auf seine Christuserfahrung zu sprechen, sodass man seine Erfahrung als mögliches Modell ansah, wie man sich auch die der
Jünger denken muss. Gleichzeitig besteht kein Zweifel darüber,
dass die Ostererfahrung der Jünger eigentlich das Fundament
der Jesusüberlieferung darstellt.

Diese schmerzliche Lücke besteht aber nur scheinbar. In Wirklichkeit bilden die Erfahrungen des Auferstandenen die Basis der
Darstellung Jesu in den Evangelien. Das heißt aber, dass diese in
erster Linie als *mystische Texte* gelesen werden müssen. In den
„Ostererfahrungen" ging den Jüngern auf, wer Jesus wirklich war
und was er wollte. Und dies ist der erste Inhalt ihrer Verkündigung, keine Episoden aus dem „Leben Jesu". Solange Jesus mit
den Jüngern zusammen war, waren sie außer Stande, ihn und
seine Bedeutung zu verstehen. Davon sprechen ja auch schon

die Evangelien, wenn sie Jesus die Jünger wegen ihres Unverständnisses und ihrer Hartherzigkeit tadeln lassen (vgl. Mk 8,17 u.a.). Aber es ist nicht menschliches Unvermögen, das dieses Verstehen verhindert, sondern wohl eher die Intensität der Begegnung, die hier stattfand und auf die zum Beispiel Henri I.M. Nouwen in einem seiner Tagebücher hinweist:

> Gott ist nah, aber oft zu nah, als dass man ihn erfahren könnte. Gott ist mir näher, als ich mir selbst bin, und darum ist er kein Gegenstand für meine Gefühle oder Gedanken.
>
> Ich frage mich, ob ich in diesem Sinn nicht eine ähnliche Erfahrung wie die Apostel mache. Als Jesus bei ihnen war, waren sie nicht im Stande, richtig zu erfassen und zu verstehen, was sich da ereignete. Erst nachdem er sie verlassen hatte, spürten, fühlten und verstanden sie, wie nah er ihnen wirklich gewesen war. Ihre Erfahrung nach der Auferstehung wurde zur Grundlage für das, worauf sie warteten.[47]

Die urchristliche Mystik aber, deren beredtestes Zeugnis das Johannesevangelium darstellt, hat keine andere Basis als die Mystik Jesu selbst. Der Kern, die Mitte der so genannten „Ostererfahrungen" ist, dass sie die Betroffenen in die Gotteserfahrung Jesu selbst einführte, ihre Erfahrung mit der seinen verband (Joh 12,45: „Wer mich sieht, sieht der der mich gesandt hat").

Ob Jesus über seine Gotteserfahrung zu den Menschen, auch den „Jüngern" gesprochen hat?

Wenn überhaupt, dann sicher nur in Andeutungen. Er lebte sie in konkreten Beziehungen zu den Menschen, denen er begegnete. Die Menge floh er eher, zog sich zurück.

Zur Rede gestellt, redete er davon, dass in diesem Zusammensein mit den ärmsten der Menschen Gott selbst anwesend sei. Hier ist der Tempel, in dem Gott wohnt. Das reichte völlig aus, um ihn als Gotteslästerer loswerden zu wollen. Denn es entzog der damals herrschenden Religiosität den Boden.

Um uns eine Vorstellung davon zu machen, welches Gewicht der Oster- oder Auferstehungserfahrung zukommt und in welcher Weise sie den historischen Jesus relativierte, kann das Zeugnis der paulinischen Briefe allerdings sehr hilfreich sein.

Man hat sich immer wieder darüber gewundert, dass Paulus nur ganz selten einmal auf ein Wort des „Herrn" Bezug nimmt, sonst aber nach seinen eigenen Worten der „Christus im Fleische" für ihn keine Bedeutung hat (2 Kor 5,16). Er will nur noch den Gekreuzigten und Auferstandenen kennen, weil es ihm einzig darum geht, dass im Glauben an *ihn* die Todverfallenheit des Menschen aufgehoben und das Leben erworben werden kann.

Einzig und allein seine Erfahrung des Auferstandenen in seinem Berufungserlebnis macht Paulus zur Grundlage seiner Verkündigung, wie er besonders im 1. Kapitel des Galaterbriefes kundtut. Wohl hat er seinem eigenen Zeugnis nach einige Jahre nach diesem Erlebnis fünfzehn Tage bei Petrus in Jerusalem verbracht (Gal 1,18). Aber wenn ihn dieser vom historischen Jesus erzählte, dann hat das keinerlei Spuren in seinen Briefen hinterlassen. Die gelegentlich geäußerte Annahme, er habe in seiner Predigt davon erzählt und halte es deshalb für überflüssig, in seinen Briefen erneut darauf zurückzukommen, ist nicht sehr überzeugend.

Der Grund ist vielmehr der, dass Paulus das Entscheidende vom Auferstandenen selbst empfangen zu haben glaubt: „Denn ich habe sie (sc. die Heilsbotschaft) nicht von einem Menschen empfangen oder bin darin unterwiesen worden, sondern durch eine Offenbarung Jesu Christi." (Gal 1,12)

Seine Verkündigung geschieht, wie er wiederholt betont, aus dem „Geiste", der ihn dabei führt und leitet: *Mein Wort und meine Verkündigung geschah nicht in gewinnenden Weisheitsworten, sondern im Erweis von Geist und Kraft ... Nein, wir verkünden Gottes geheimnisvolle, verborgen gehaltene Weisheit, die Gott vor aller Zeit zu unserer Verherrlichung vorausbestimmt hat ... Denn uns hat es Gott geoffenbart durch den Geist; denn der Geist erforscht alles, sogar die Tiefen Gottes ... Wir aber haben nicht den Geist der Welt empfangen, sondern*

den Geist, der aus Gott stammt, damit wir erkennen, was uns
von Gott in Gnaden verliehen ward. Davon reden wir auch,
aber nicht in angelernten Worten menschlicher Weisheit, son-
dern in Worten, die wir vom Geiste lernten, indem wir Geistes-
gut in Geistesworten ausdrücken. (1 Kor 2,4.7.10.12–13)

In diesem Sinne ist Paulus zweifellos der erste christliche Mystiker, zumindest der erste, der uns literarisch greifbar ist. Seine
Gegner zwingen ihn dazu, direkt auf seine „Offenbarungen" zu
sprechen zu kommen, offenbar visionäre Erlebnisse, die ihm zuteil wurden:

… So will ich denn zu den Erscheinungen und Offenbarungen
des Herrn kommen. Ich kenne einen Menschen in Christus, der
vor vierzehn Jahren – ob im Leibe, das weiß ich nicht, oder au-
ßer dem Leibe, das weiß ich nicht, Gott weiß es – bis zum drit-
ten Himmel entrückt wurde. Und ich weiß, dass der betreffen-
de Mensch … ins Paradies entrückt wurde und unsagbare Worte
vernahm, die einem Menschen auszusprechen versagt sind …
Und damit ich mich bei dem Übermaß der Offenbarungen
nicht überhebe, wurde mir ein Stachel für das Fleisch gegeben
… (2 Kor 12,1–4.7)

Was ist nun der Sinn und Inhalt der ihm zuteil gewordenen Offenbarungen von Seiten des auferstandenen Christus? Doch
zweifellos eine *neue Gotteserfahrung,* die er als der jüdische
Schriftgelehrte so noch nicht hatte:

Ihr seid also alle Kinder Gottes *durch den Glauben in Jesus Chri-*
stus. Denn ihr alle, die ihr auf Christus getauft seid, habt Chri-
stus angezogen. Da gibt es nicht mehr Juden und Griechen, Skla-
ven und Freie, Mann und Weib. Denn ihr alle seid einer in Chri-
stus Jesus … Weil ihr nun aber tatsächlich Kinder seid, hat Gott
den Geist seines Sohnes in unsere Herzen gesandt, der da ruft:
Abba, Vater! *Also bist du nicht mehr Sklave, sondern Sohn; Wenn*
aber Sohn, dann auch Erbe durch Gott. (Gal 3,26–28; 4,6–7)
Ihr habt nicht den Geist der Knechtschaft empfangen, dass ihr
euch wieder fürchten müsst, *sondern ihr habt den Geist der*

Sohnschaft empfangen, in dem wir rufen: „Abba, Vater!" (Röm 8,15)

Sich als *Kind Gottes* erleben und deshalb zu diesem Gott „Abba, Vater!" sagen zu dürfen, ist zweifellos die Mitte des Christseins, wie Paulus es „sah". Das aber heißt, dass der eigentliche Inhalt der Offenbarung der war, *in die Gotteserfahrung Jesu selbst* eingeführt zu werden.

In ihr ist aber kein Platz für eine Gottesbeziehung, die von der Angst diktiert ist, die üblicherweise die Beziehung des Menschen zum Göttlichen bestimmt.

Dies führt zu einer regelrechten Identität mit Jesus, der als der Christus allen Menschen diese neue Gotteserfahrung als Lebensraum anbietet:

Ich lebe; doch nicht mehr als Ich, sondern Christus lebt in mir; soweit ich aber jetzt noch im Fleische lebe, lebe ich im Glauben an den Sohn Gottes, der mich geliebt und sich selbst für mich ausgeliefert hat. (Gal 2,20)

Die Liebe Jesu zu den Menschen, wie sie dem Apostel „offenbart" wurde, besteht also darin, dass er gleichsam ganz leer von Eigenem wurde, um Raum zu schaffen für alle Menschen als Kinder Gottes.

Zweifellos haben wir mit diesem Zeugnis des Paulus ein Modell dafür vor uns, welchen Inhalt die im Neuen Testament erwähnten „Ostererfahrungen" hatten. Nirgends werden sie inhaltlich ja näher bestimmt. Aber sie begegnen uns im Selbstbewusstsein der frühen Gemeinden, das aufbaut auf der Verkündigung eines Petrus und anderer „Apostel", der Botschaft von der alle umfassenden Liebe Gottes, die in der Person Jesu Gestalt gewann. Letzteres explizit zu verdeutlichen, sah man sich aber erst genötigt, als das Erleben des Auferstandenen in der Mitte der Seinen sich zu einer „Idee" zu formen schien, die keinen Zusammenhang mehr mit dem historischen Jesus von Nazaret hatte.

Dieser späte Zeitpunkt macht auch verständlich, warum die Botschaft vom „Reich Gottes" (d.h. vom Kinder-sein-Dürfen vor Gott) überlagert wurde durch die konkreten Probleme der Missionsarbeit und des Gemeindelebens, sodass wir heute gezwungen sind, beides voneinander zu trennen und nach den Umformungen zu fragen, die dabei stattgefunden haben.

Auch dazu kann uns Paulus wertvolle Hinweise geben. Denn auch bei ihm finden sich Stellen, die dazu angetan sind, die HörerInnen wieder das Fürchten zu lehren, was nach der oben zitierten Römerbriefstelle eigentlich vorbei sein sollte.

Schaut man sich solche Stellen näher an, dann wird deutlich, dass Paulus in lehrhaften Passagen seiner Briefe vom Gott des Zornes redet, um den Zustand der Menschheit vor Christus als Negativfolie seiner Heilsbotschaft darzustellen. So in den ersten beiden Kapiteln seines Briefes an die Römer, wenn er schreibt:

Gottes Zorn enthüllt sich vom Himmel her über alle Gottlosigkeit und Ungerechtigkeit des Menschen ... (Röm 1,18)

Vor allem aber begegnet der zornig richtende Gott, wenn sich Paulus über die hartnäckigen Gegner seiner Missionsarbeit ärgert und in den ermahnenden Teilen seiner Briefe.

Im ersteren Fall sind es vor allem die Juden, die ihm zu schaffen machen. Gegen deren Überzeugung, als Glieder des auserwählten Volkes vor Gottes Gericht sicher zu sein, schreibt er im 2. Kapitel des Römerbriefes:

Gemäß deinem Starrsinn und dem unbußfertigen Herzen häufst du dir Zorn auf für den Tag des Zornes und der Offenbarung des gerechten Gerichts Gottes, der jedem vergelten wird nach seinen Werken: denen, die in beharrlicher Übung des Guten nach Herrlichkeit, Ehre und Unvergänglichkeit trachten, mit ewigem Leben, denen aber, die aus Auflehnung der Wahrheit ungehorsam, der Ungerechtigkeit aber gehorsam sind, mit grimmigem Zorn. (Röm 2,5–8)

Paulus verbleibt hier ganz in der Gedanken- und Vorstellungswelt des Judentums, aus dem er selbst kommt, in welcher der „Tag des Zorns" über die Unbußfertigen einen festen Platz hat.

Man sieht, dass es für ihn offenbar keine Brücke gibt von dieser Gottesvorstellung: „Gott belohnt das Gute und bestraft das Böse" zu der ihm in der Offenbarung Christi zuteil gewordenen. Paulus redet also den Juden gegenüber vom „jüdischen Gott", um sie durch die Drohung mit dem göttlichen Zorn vielleicht doch noch zum Glauben an Christus zu bewegen.

Als regelrechte Gegner seiner Missionsarbeit versündigen sie sich schwer:

Diese haben auch den Herrn Jesus und die Propheten getötet und uns verfolgt; sie gefallen Gott nicht und sind allen Menschen feind, da sie uns hindern, den Heiden zu predigen, damit sie gerettet werden. So machen sie das Maß ihrer Sünden für alle Zeit voll. Doch gekommen ist über sie schließlich der Zorn. (1 Thess 2,15–16)

Aber auch die christliche Gemeinde selbst wird, wenn sie von Paulus zu einem „gottgefälligen" Leben ermahnt wird, mit einem Gott konfrontiert, der belohnt und straft:

Ob aber einer auf diesem Grund (sc. Jesus Christus) aufbaut Gold, Silber ... Holz, Heu, Stroh, das wird sich bei eines jeden Werk herausstellen; denn der Tag (des Gerichts) wird es ausweisen, weil er sich im Feuer offenbart. Und das Feuer wird erproben, wie das Werk eines jeden beschaffen ist. Wenn jemandes Werk, das er darauf baute, Bestand hat, so wird er Lohn empfangen. Wenn jemandes Werk verbrennen wird, so wird er bestraft werden ... (1 Kor 3,12–15)

Täuschet euch nicht; Gott lässt seiner nicht spotten, denn was ein Mensch sät, das wird er auch ernten. Wer auf sein Fleisch sät, der wird aus dem Fleisch Verderben ernten ... Wir wollen also nicht müde werden, Gutes zu tun. Denn zur bestimmten Zeit werden wir ernten, wenn wir nicht versagen. (Gal 6,7–9)

Die Beispiele dürften zu Genüge zeigen, dass „im Eifer des Ge-
fechts" der Apostel in das ihm seit Kindheit an vertraute und
deshalb verinnerlichte Gottesbild zurückfällt, weil er bei seiner
Mahnung wie selbstverständlich auf das seit jeher schon von den
Propheten angewandte Mittel der Drohung zurückgreift.
In ähnlicher Weise müssen wir damit rechnen, dass auch die
Texte der Evangelien, deren Hintergrund die Missionsarbeit oder
die Ordnungen des Gemeindelebens bilden, auf eine „Pädagogik" zurückgriffen, die nicht in der österlichen Jesuserfahrung,
sondern in den vertrauten Modellen alttestamentlicher Mahnung und Prophetie gründet.

Damit haben wir aber zumindest ein erstes Kriterium gewonnen, um die der Auferstehungserfahrung entsprungene Verkündigung von der zu trennen, die im Tenor vom Anliegen der Mission oder Gemeindearbeit geprägt ist. Letztere könnte man die
„pädagogische" nennen.

Sie tendiert, wie schon Paulus zeigt, fast gewaltsam zum tra-
ditionellen Gottesbild.

In den Evangelien wird diese Art der „Missionierung" Jesus
selbst in den Mund gelegt, um sie in den Ursprüngen zu veran-
kern. Das geschieht bei Paulus noch nicht. Nirgendwo greift Paulus, wenn er vom lohnenden und strafenden Gott spricht, auf
ein Beispiel Jesu zurück, um sich seine Methode so autorisieren
zu lassen. Andererseits hat er aber offenbar auch den Wider-
spruch zu seiner eigenen Christuserfahrung nicht bewusst wahrgenommen.

3.14 Der historische Jesus

Das „Differenzprinzip" als methodischer Schlüssel[48]

Um zu den authentischen Jesusworten vorzustoßen, müssen wir
uns erneut bewusst machen, dass zwischen dem historischen
Jesus und dem Bild, das die Evangelien nach Ostern von ihm

zeichnen, eine Differenz besteht. Zunächst einmal erfahren wir in den Evangelien etwas über die Vorstellungen und Erwartungen der Tradenten, auch da, wo sie vom irdischen Jesus „berichten". Die Evangelisten oder schon die Autoren ihrer Quellen hatten keine Bedenken, Jesus Worte in den Mund zu legen, mit denen sie ihre Probleme in Mission und Gemeinde lösen wollten. Aufs Ganze gesehen haben wir also auf den ersten Blick überhaupt nur noch die Sichtweise der Gemeinden vor uns, und es wäre sinnlos, nach authentischen Jesusworten zu suchen, wenn es da nicht Textstücke gäbe, die sich nicht nahtlos in die Vorstellungen der Urgemeinde(n) einfügten. Schon immer hat man sich ja an bestimmten Sätzen oder Schilderungen gestoßen, die wie erratische Blöcke wirken oder schlecht zu dem Bild passen, das die nachösterliche Sichtweise sonst von Jesus zeichnet. Zwar bemühen sich die Evangelisten, solche Stücke nach Möglichkeit mit der eigenen Konzeption in Übereinstimmung zu bringen; aber das gelingt nicht immer. Erst, wenn man den Satz oder die Aussage aus dem jetzigen Zusammenhang löst, wird deutlich, dass er eine andere Situation als die der nachösterlichen Gemeinde widerspiegelt, in der sie sehr wohl einen guten Sinn gehabt haben kann. Diese Differenz zwischen der Aussage des Einzelstücks und der sonstigen Vorstellung der Tradition ermöglicht es, mit einiger Wahrscheinlichkeit authentisches „Material" über den historischen Jesus zu erhalten. Dazu ist es freilich nötig, sich ein möglichst klares Bild über die Vorstellungen und Erwartungen der frühen Kirche zu machen. Dieser Arbeit hat sich die Exegese in den letzten Jahrzehnten unterzogen und ist inzwischen zu Ergebnissen gelangt, die ein ziemlich übereinstimmendes Gesamtbild ergeben.[49] Dies hier im Einzelnen darzulegen, würde den Rahmen sprengen und angesichts der vorhandenen Darstellungen unnötige Wiederholung bedeuten.

Mich selbst überzeugt die kritische Arbeit von Walter Simonis am meisten, da sie den Schwerpunkt auf die Auferstehungs-erscheinung und die „Menschensohnworte" legt, in denen die „Christologie" der Urgemeinde wurzelt.

Simonis kommt auf Grund seiner Einzelanalyse von Text-stücken zu dem Ergebnis, dass auf den historischen Jesus zwei-felsfrei die Verkündigung der herangekommenen Herrschaft Gottes (βασιλεια/basileia, meist mit „Reich Gottes" übersetzt) in einigen wenigen Gleichnissen und Bildworten, sowie Exorzismen und Wunderheilungen zurückzuführen sind.

Zu den authentischen Gleichnissen Jesu rechnet er das Sämannsgleichnis (Mk 4, 3-8), das Gleichnis vom Senfkorn (Mk 4, 30-32), das vom Sauerteig (Mt 13,33/Lk 13, 20f.) und der selbst-wachsenden Saat (Mk 4, 26-28). Als „echte" Basileia-Worte wer-tet er Lk 17, 21 (Die Basileia ist unter euch) und den so genann-ten Stürmerspruch (Mt 11,12/Lk 16,16b), dessen Wortlaut er fol-gendermaßen rekonstruiert: „Die basileia Gottes erfährt Gewalt, und Gewalttäter ergreifen sie mit Gewalt."[50]

Was die „Wunder" Jesu betrifft, hält Simonis zwar das Logion Lk 11,20/Mt 12,28 („Wenn ich mit dem Finger Gottes die Dämo-nen austreibe, ist die Herrschaft Gottes schon zu euch gekom-men") für authentisch, die Berichte über Dämonenaustreibungen Jesu jedoch durch die urchristliche Exorzismuspraxis geformt. Als historisch wahrscheinliche Wunderheilungen sieht er die Heilung der Schwiegermutter des Petrus (Mk 1,30 f.) und die von der Hei-lung des blinden Bartimäus (Mk 10,46-52) an.

Dazu kommen einige wenige Sätze, die Vorwürfe von Gegnern an Jesus betreffen, was seinen Umgang mit Menschen betrifft („Freund der Zöllner und Sünder" [Mt 11,19; Lk 7,34; Mk 2,16]; „Schlemmer und Weintrinker" [Mt 11,19; Lk 7,34]) und das Bild-wort vom Hochzeitsfest (Mk 2,19f.). Um das Neue seiner Bot-schaft zu verdeutlichen, gehen auf Jesus weiter die Worte vom ungewalkten Tuch und vom jungen Wein (Mk 2,21f.), das Sabbatwort („Der Sabbat ist um des Menschen willen gemacht ... [Mk 2,27]) und der Spruch vom Gewaltverzicht („Dem, der dich auf die Wange schlägt, halte auch die andere hin ..." [Mt 5,39b.40; Lk 6,29]) zurück.

Dagegen sieht er die in den Evangelien berichteten Streitgespräche mit Pharisäern und Schriftgelehrten durchweg für späte Bildungen urchristlicher Theologen an. Denn:

> *Es fehlt die, sei es positiv begründende, sei es negativ und polemisch sich abstoßende, explizite Bezugnahme Jesu auf das Gesetz, die Schrift und die Tradition; dass er als Lehrer des (wahren) Gesetzes aufgetreten sei, ist, historisch-kritisch gesehen, haltlose Spekulation, widerspricht sogar völlig dem, was sich als authentisch bzw. historisch erkennen lässt.*[51]

Freilich bleiben auch bei den von Simonis vorgelegten Texten noch Fragen offen, bleibt seine Auswahl vielleicht korrekturbedürftig. Entscheidend ist jedoch, dass er deutlich das *Gottesbild Jesu* als Hintergrund seines Redens und Tuns herausarbeitet und dieses zum Kriterium der Unterscheidung macht. Das heißt gerade nicht, dass die Texte, in denen Jesus ausdrücklich die Abba-Vater-Anrede in den Mund gelegt ist, historisch sind. Sie sind meiner Überzeugung nach eher Zeugnis der Ostererfahrung der Jünger, die explizit machten, was in der Art und Weise des Umgangs Jesu mit den Menschen und seiner Rede von der Herrschaft Gottes unausgesprochen in Erscheinung trat. Zu welchem Umfang einer authentischen Jesusüberlieferung man auch immer kommen mag: Eines ist klar, dass er im Verhältnis zum Umfang der Evangelien sehr gering ist.

Dieser Tatbestand lässt eigentlich nur zwei Erklärungsmöglichkeiten zu: Entweder es ging das meiste verloren, was Jesus sagte und tat, weil die „Jünger" es vergessen oder nicht weitererzählt haben, oder aber Jesus sagte wirklich nur weniges und lebte das, was ihm als nahe gekommene Herrschaft Gottes in persönlicher Erfahrung aufgegangen war, im alltäglichen Umgang mit den Menschen der Dörfer Galiläas.

Die erste Möglichkeit, dass die „Jünger" oder die ersten Hörer der apostolischen Predigt vergessen haben sollten, was Jesus sagte und tat, scheint mir mehr als unwahrscheinlich.

Die Form der jesuanischen Verkündigung war einfach und eindringlich: Bildworte, aus dem täglichen Leben gegriffen, die den Hörenden die Freiheit ließen, darüber nachzudenken oder nicht. Viel näher liegend ist doch die Schlussfolgerung, dass Jesus mehr schwieg als redete und in erster Linie da war, dort, wo er die Not der Menschen am krassesten spürte: ihre Ratlosigkeit, ihre Verlassenheit und besonders ihre Angst, ausgeschlossen zu sein aus der Schar der von Gott Geliebten.

3.2 Das mystische Erleben Jesu

Der Theologe Klaus Berger beginnt sein Jesusbuch mit einer Meditation über die Szene der „Verklärung" (Mk 9,2–7), um die LeserInnen von vornherein mit der Fremdheit Jesu zu konfrontieren, die seiner Meinung nach von den üblichen einseitigen Jesusbildern gerne ausgeklammert wird:

> Als fremder Block ragt er (sc. der Text Mk 9,2ff.) hinein in all die anderen, freundlichen, uns geläufigen Jesusgeschichten.[52]

So entschieden er im Fortgang seines Buches die historisch-kritische Unterscheidung von vorösterlicher Jesusverkündigung und nachösterlicher Deutung ablehnt, weil er den „ganzen Jesus" haben will, so hellsichtig erkennt er, dass die Verklärungsgeschichte in der Mitte des Markusevangeliums auch die Mitte des Lebens Jesu bildet: seine Erfahrung, von Gott als „der Sohn" geliebt zu sein; dass sie eine Szenerie bietet, die ekstatisches, mystisches Erleben widerspiegelt[53], das besser in die Welt des Chassidismus im Polen des 18. und 19. Jahrhunderts und die Bilderwelt Chagalls passt als in unsere heutige.[54]

Auf diese geniale Beobachtung wird zurückzukommen sein. Der Text Mk 9,2–7, der die Verklärung Jesu schildert, lautet in der Übersetzung von Fridolin Stier:

Sechs Tage später nimmt Jesus Petrus, Jakobus und Johannes mit und führt sie auf einen hohen Berg abseits, allein. Da ward er verwandelt vor ihnen, und wurden seine Kleider glänzend, sehr weiß, wie kein Walker auf Erden so zu weißen vermag. Und zu schauen ward ihnen Elias mit Moses, und wie sie sprachen mit Jesus. Da nimmt Petrus das Wort und sagt zu Jesus: Rabbi, gut ist es, dass wir hier sind! So lass uns drei Zelte machen, dir eins und Moses eins und Elias eins! Er wusste ja nicht, was er redete, denn von Schreck waren sie benommen. Da kam eine Wolke schattend über sie, und eine Stimme ward laut aus der Wolke: Das ist mein geliebter Sohn! Ihn hört!

Anders als in der meist herangezogenen Taufszene (Mk 1,9–11), wo das Geschehen als Erleben Jesu dargestellt wird, der sich selbst als geliebten Sohn angeredet hört, wird hier aus der Perspektive der Jünger erzählt: Vor ihnen wird er verwandelt, das heißt: ganz in Licht getaucht, sie sehen Elija und Mose mit Jesus reden, Petrus spricht mit Jesus, und die Stimme aus der Wolke gilt auch ihnen.

Die Szene schildert, in welcher Weise die jüdischen Männer in einer außergewöhnlichen Erfahrung des Auferstandenen erkennen, wer Jesus ist und woraus er lebte. Ihnen wird die Gotteserfahrung Jesu als entscheidendes Kriterium ihres Auftrags, ihrer Berufung, mitgeteilt.

Dass sie die Bedeutung der neuen Gotteserfahrung in der Szenerie der Sinaioffenbarung mit Mose und der Wolke erleben, legt sich nahe. Denn das ist die ihnen vertraute, tief verinnerlichte Welt der Thora, in der sie bisher gelebt hatten. Dass dieser Gott des Sinai, den sie glaubten gekannt zu haben, der ist, der den Menschen als sein Kind liebt, das geht ihnen da auf.

Mose und Elija, die großen prophetischen Verkünder des Gotteswillens in Israel, übergeben gleichsam die Fackel des Gotteswortes an Jesus, auf den allein nun zu hören ist.

Mit Recht schreibt Berger dazu:

> *Die Starre des Schreckens löst sich in die unfassbare Begeisterung darüber, dass Jesus gänzlich geliebt ist. So ist der Kern, die Mitte des Evangeliums, dies, dass er, ein Mensch, von Gott ganz und gar als der einzige Sohn geliebt wird. Darin wird die alte Offenbarung am Sinai nicht aufgehoben, sondern vollendet. In der letzten Tiefe ist dieser Gott einer, der liebt. Die Erfahrung dieser Liebe wird als ein Geschehen aufgefasst, das alles Fassbare übersteigt. Berg und Licht und Wolke, Verwandeltwerden und Himmelsstimme sind Zeichen und Hinweise auf diesen überwältigenden Kern der Botschaft. Die bizarre Landschaft des Berges, die Steinwüste wie am Sinai, die surreale Wolke, die Blitzhaftigkeit des Geschehens dienen nur der Erklärung süßester, innigster Liebe.*[55]

Der Schrecken, der die Jünger erfasst, gehört zu einer Theophanie, einer Gottesoffenbarung. Denn die Erfahrung des Auferstandenen waren Offenbarungen über Gott, den Gott, von dem sich Jesus geliebt wusste, nicht einfach Mitteilung darüber, dass Jesus nicht im Tode geblieben ist. Dafür hätte es kein Ostern gebraucht.

Wann und in welcher Weise dem historischen Jesus diese sein Leben bestimmende Erfahrung, von Gott so geliebt zu sein, zuteil wurde, werden wir wohl kaum mehr herausfinden können. Die meisten Interpreten verlegen sie in das Ereignis, als Jesus von Johannes dem Täufer im Jordan getauft wurde. Doch das würde bedeuten, dass Jesus über sein Erleben zu anderen davon gesprochen hätte, was kaum anzunehmen ist. Viel einleuchtender ist, dass die Evangelien Wert darauf legen, dass Jesus von Anfang an der geliebte Sohn Gottes ist und es nicht erst irgendwann wurde. So wie die Taufszene heute in den Evangelien steht, ist die Himmelsstimme an die Adresse der LeserInnen gerichtet, auch wenn sie stilgemäß in der Form einer Berufungsszene an Jesus verfasst ist.

Der kurze Text in der ältesten Fassung bei Markus lautet:

So ward es: In jenen Tagen kam Jesus von Nazaret in Galiläa und ließ von Johannes im Jordan sich taufen. Und gleich, als er aus dem Wasser aufstieg, sah er die Himmel sich spalten und den Geist *wie eine Taube auf ihn hernieder steigen, und eine Stimme ward laut aus den Himmeln: Du bist mein geliebter* Sohn, *dich habe ich erkoren. (Mk 1,9–11 in der Übersetzung von F. Stier)*

Dennoch hätte eine Szene wie die obige schlecht ohne das Wissen darum entstehen können, dass Jesus die „Vision" hatte, „geliebter Sohn" zu sein. Die unbestreitbare Tatsache, dass sie in den Evangelien stilgemäß als Prophetenberufung gestaltet ist, spricht nicht dagegen. In der jetzigen Form aber „heiligt" sie die Praxis der Taufe, welche die Urkirche von den Johannesjüngern als „Initiationsritus" für die christliche Gemeinde übernahm: In den Ostererfahrungen wurde den Jüngern das Wissen zuteil, dass Jesu Gottesbeziehung dem Getauften geschenkt wird, dass er zum Kind Gottes wird. Die so gestaltete Szene ist also gleichsam ein Kommentar zu der Aussage des Paulus im Römerbrief (8,15): „Ihr habt den *Geist* der *Sohn*schaft empfangen, in dem wir rufen: „Abba, Vater!"

Spricht so vieles dafür, dass Jesus über sein tiefstes Erleben nicht direkt gesprochen hat[56] – auch Paulus tut es ja nur unter dem Druck der Verteidigung gegenüber seinen Gegnern! –, so schließt das nicht aus, dass Jesus über sein visionäres Erleben sich äußerte, und zwar im Zusammenhang mit seiner Tätigkeit als „Exorzist".

Wenn Jesus, wovon alle Ausleger des Neuen Testaments ausgehen, vom nahe gekommenen „Reich Gottes" als zentralem Inhalt seiner Botschaft gesprochen hat, lag die Frage an ihn nahe, wie er dazu komme, da doch die Welt ringsum eher den Anschein hatte, anderen Mächten ausgeliefert zu sein. Im Lukasevangelium ist uns ein Satz aufbewahrt, der über eine Vision Jesu spricht, die von grundsätzlicher Bedeutung für sein Wirken ist:

Ich sah den Satan wie einen Blitz vom Himmel fallen (Lk 10,18)

Im Zusammenhang mit einem später noch zu besprechenden Wort Jesu über seine Tätigkeit (Lk 11,20) haben wir hier zweifellos die Achse vor uns, um die sich eine authentische Deutung Jesu drehen muss. Die Kraft dieser Vision hallt im Neuen Testament noch lange nach: Das Johannesevangelium lässt Jesus sagen:

Jetzt ist das Gericht über diese Welt. Jetzt wird der Fürst dieser Welt hinausgeworfen werden. (Joh 12,31)

Und die Johannesapokalypse nimmt die Vision auf und malt sie aus:

Und ich hörte eine mächtige Stimme im Himmel rufen: „Nun ist das Heil und die Kraft und das Reich unseres Gottes und die Macht seines Gesalbten angebrochen; denn gestürzt wurde der Ankläger unserer Brüder, der sie vor unserem Gott Tag und Nacht verklagt." (Offb 12,10)

Die eigentliche Wurzel von Jesu Wort und Tat ist also nicht eine neue Form von Schriftgelehrsamkeit oder ein wie immer geartetes prophetisches Bewusstsein[57], sondern ein visionäres Erleben. Jesus war in erster Linie Mystiker und hat als solcher die jüdische und die christliche Tradition der Mystik begründet.

Wenn es zutrifft, dass wir mit dem Wort Lk 10,18 eine Vision Jesu vor uns haben, dann hat das weit reichende Konsequenzen. Dann muss nämlich das Verstehen des historischen Jesus von hier ausgehen und auch die Eigenart von Jesu Tun und Wortverkündigung prägen.

Zunächst ist die Vorstellung vom Satan und seiner Rolle zur damaligen Zeit der Hintergrund, vor dem Jesus seine neue Gotteserfahrung macht. Deshalb müsste sie sich auch in den Auferstehungserfahrungen der Jünger niedergeschlagen haben. Tatsächlich ist die des wichtigsten Zeugen, des Petrus, ein wichtiger Beleg dafür:

Simon, Simon, siehe, der Satan hat verlangt, euch im Sieb zu
schütteln wie Weizen. Ich aber habe gebetet für dich, dass dein
Glaube nicht wanke; du aber, stärke dereinst nach deiner Um-
kehr deine Brüder! (Lk 22,31–32)

In der Erfahrung des Auferstandenen wird dem Simon Petrus
deutlich, dass Jesus sein Wirken als Auseinandersetzung mit dem
Satan erlebt hat, in die auch die Jünger miteinbezogen waren.

In der Mystik der zwischentestamentlichen jüdischen Literatur, die Jesus wohl zum Teil kannte, verhindert der Satan die kind-
hafte Beziehung des Menschen zu Gott: Er klagt an und macht
Gott zum Richter, den Menschen zum Angeklagten. Petrus erfährt seine Berufung und Aufgabe, die Brüder zu stärken. Dass
in Lk 22,32 diese Aufgabe als zukünftige („dereinst nach deiner
Umkehr") genannt wird, hängt damit zusammen, dass das Wort
im Lukasevangelium in die Passionsgeschichte gestellt ist.

Wie die gesamte jüdische Mystik hat auch Jesus mit dem Problem des Bösen gerungen. Seine visionären Erfahrungen kreisen darum, wie im Kommen Gottes der Herrschaftsbereich des
Satans zurückgedrängt und der Mensch daraus befreit wird. In
diese Aufgabe sieht er sich mit seinem Wirken gestellt, nachdem
er selbst für seine Person dieser negativen Macht eine eindeutige Absage erteilt hat.

Der älteste „Bericht" darüber ist uns im Markusevangelium
erhalten:

Und sofort trieb ihn der Geist hinaus in die Wüste. Vierzig Tage
lang war er in der Wüste und wurde vom Satan versucht. Mit
den wilden Tieren war er zusammen. Und die Engel dienten
ihm. (Mk 1,12–13)

Die Evangelisten Matthäus und Lukas schildern die Versuchungen Jesu im Einzelnen mit Bezug auf zahlreiche Schriftstellen
(Mt 4,1–11; Lk 4,1–13). Während also Markus in der obigen Notiz nur festhält, dass Jesus in der Wüste mystische Erlebnisse
hatte, die für seinen Auftrag grundlegende Bedeutung hatten,
spiegeln die Texte bei Matthäus und Lukas Erfahrungen des Auf-

erstandenen wider: seine Gotteserfahrung (der „Sohn" zu sein) im Widerstreit mit urmenschlichen Strebungen.

Zunächst zu Markus: Die Wüste als Ort besonderer Gotteserfahrung ist gute jüdische Tradition. Auch Paulus nahm sich diese Wüstenzeit (vgl. Gal 1,17). Es gibt keinen vernünftigen Grund daran zu zweifeln, dass auch Jesus sich vor seinem öffentlichen Auftreten in die Wüste zurückzog. Die Szenerie weist eindeutig auf mystische Schau hin: Zusammenleben mit wilden Tieren und Engel als Dienerschaft ist eine Schau des Paradieses, also intensivster Nähe Gottes.

Der Satan mit seinen Versuchungen ist gleichsam die dunkle Seite des Bewusstseins, Kind (Sohn) Gottes zu sein.

Das wird in den Texten bei Matthäus und Lukas näher ausgeführt:

Der „Hunger nach Gott" provoziert den elementaren menschlichen Hunger nach allem, was man *haben* kann. Als Sohn Gottes dürften diesem Habenwollen keine Grenzen mehr gesetzt sein: *Wenn du der Sohn Gottes bist, befiehl, dass diese Steine Brot werden. (Mt 4,3)*

Das Bewusstsein, Sohn Gottes zu sein, scheint die Beschränkungen aufzuheben, die einen zwingen, „auf dem Boden zu bleiben":

Wenn du der Sohn Gottes bist, dann stürze dich (ergänze: von der Zinne des Tempels) herab. (Mt 4,6)

Endlich: Welche Grenzen der Herrschaft über die Welt soll es für einen Sohn Gottes denn noch geben? Muss ihm nicht, wie Gott selbst, alles zu Füßen liegen?:

Der Satan nahm ihn mit auf einen sehr hohen Berg und zeigte ihm alle Reiche dieser Welt und ihre Herrlichkeit und sagte zu ihm: „Das alles werde ich dir geben, wenn du niederfällst und mir huldigst." (Mt 4,9)

Die Gotteserfahrung Jesu, die den Auferstehungszeugen zuteil wurde, zeigt ihnen Jesus als einen, der die „Versuchungen" des Bewusstseins, Sohn Gottes zu sein, selbst durchgemacht hat und so zum Vorbild für christliches Selbstverständnis, Kind Gottes zu sein, wurde.

Auch wenn uns das mystische Erleben Jesu nur durch die Ostererfahrungen der Jünger zukommt, die Jesus im Lichte seiner Gotteserfahrung neu begreifen lernten, so wird doch überdeutlich, wie sehr Jesus aus diesem Erleben heraus verstanden werden muss.

Was es bedeutet, dass die Herrschaft Gottes in seiner Person nahe gekommen ist, können wir also nicht erfassen, wenn wir einfach das Bild nachzeichnen, welches die urkirchliche Überlieferung von ihm als eines „Propheten" und „Rabbi" (Schriftgelehrten) zeichnete, sondern nur, wenn wir seiner ureigensten Intention nachgehen, die in seinen Visionen wurzelt. Zum Propheten wurde Jesus erst als Vorbild urchristlicher Missionare, wie wir sahen. Und zum Schriftgelehrten wurde er, als seine Autorität in den Auseinandersetzungen mit der Schriftgelehrsamkeit der Pharisäer gegen Ende des 1. Jahrhunderts gebraucht wurde.

Jesus bezog sich nicht auf die Autorität der Schrift (der Thora), wenn er von Gottes Willen sprach, sondern einzig auf seine „Vollmacht", die ihm als dem Sohn Gottes zukam. Seine „Lehre" aber waren seine Befreiungstaten, wie das Markusevangelium in aller Klarheit herausstellt: Nach der Heilung eines Menschen „mit unreinem Geist" heißt es dort:

Da erschraken alle und stritten untereinander und sagten: „Was ist das? Eine neue Lehre voll Macht. Sogar den unreinen Geistern befiehlt er, und sie gehorchen ihm." (Mk 1,27)

Seine „Lehre" sind also seine Machttaten, mit denen er den Herrschaftsbereich Gottes erweitert und den Satans zurückdrängt.

3.21 Die Vision vom Satan als Ankläger und Verderber der Menschen[58]

Schon immer war den Auslegern der Bibel aufgefallen, dass das Neue Testament eine ausgeprägte „Satanologie" enthält. Während sonst im Alten Testament vom Satan nur sporadisch die Rede ist, spielt er in den Evangelien eine große Rolle. Angefangen von der Versuchungsgeschichte bis hinein in die Passion. Das irritiert um so mehr, als erst im Neuen Testament der Satan zu einem regelrechten Gegenspieler Gottes wurde, während er vorher zwar als Ankläger und Verführer der Menschen eine unheilsame Rolle spielte, aber doch deutlich Gott untergeordnet war. Im Spätjudentum tritt der Satan als Verführer völlig zurück, da der freie Wille für oder gegen das Böse betont wurde und der Anklage vor Gott das Verdienst der Taten entgegengestellt werden konnte. Schon gar nicht war der Satan der „Herr der Welt", wie es die neutestamentlichen Schriften darstellen.

Was läge also näher, als den Teufel aus dem Neuen Testament auszutreiben, alles das als störende Zusätze zu streichen, wo vom Satan die Rede ist. Aber damit bricht man das Ureigenste der Auffassung Jesu weg, so fremd sie uns auch anmuten mag. Uns bleibt kein anderer Weg, als dem jüdischen Mystiker Jesus in seine Schau von Gott, Mensch und Welt zu folgen, die, was die verwendeten Bilder und Vorstellungen angeht, im damaligen Judentum wurzelt, die aber, was die Folgerungen betrifft, revolutionär im besten Sinne des Wortes ist.

Lk 10,18 („Wenn Satan mit sich selbst entzweit ist, wie soll dann sein Reich Bestand haben?") zeigt uns, dass Jesus eine himmlische Vision hatte: Gottes Hofstaat und der Satan als Ankläger. Die wichtigsten Belege dafür im Alten Testament finden sich im Propheten Sacharja und im Buch Ijob:

> Sodann ließ er mich den Hohenpriester Josua schauen, wie er vor dem Engel Jahwes stand, während der Satan zu seiner Rechten stand, um ihn anzuklagen. (Sach 3,1)

Eines Tages geschah es, dass die Göttersöhne kamen, um vor
Jahwe hinzutreten. In ihrer Mitte erschien auch der Satan. (Ijob
1,6; 2,1)

Im Spätjudentum fand eine Weiterentwicklung statt, in der Satan mit Vorstellungen verbunden wurde, die ursprünglich nichts mit ihm zu tun hatten. Er wurde mit dem „bösen Trieb" und dem Todesengel identifiziert. Alles in allem ist Satan „derjenige, der das Verhältnis zwischen Gott und Menschen, insbesondere zwischen Gott und Israel zu zerstören sucht".[59] Und dies geschieht auf dreifache Weise: durch Verführung zur Sünde, durch Anklage und Verleumdung vor Gott und indem der Satan die Strafe für die Sünde über sie bringt, den Tod.

Die Verführung zur Sünde geschieht vor allem durch die Erregung des „bösen Triebes", weshalb der Satan geradezu mit ihm identifiziert wird. Als Ankläger tritt er besonders gegenüber dem Volk Israel auf (während als Verteidiger der Erzengel Michael fungiert).

Aber auch andere Engel können für die Menschen gegenüber Satan eintreten, wie es zum Beispiel das zur Zeit Jesu wahrscheinlich viel gelesene Henochbuch (ca. 70 v. Chr.) zeigt. In der Vision, die Henoch schaut, gilt es gleich mehrere Satane abzuwehren:

Die vierte Stimme wehrte, wie ich hörte, die Satane ab und ge-
stattete ihnen nicht, vor den Herrn der Geister zu treten, um
die Erdbewohner anzuklagen. (äth. Henoch, 40,7)

Die „vierte Stimme" gehört hier dem Engel Phanuel, der in der Schau des Henoch zusammen mit Michael, Raphael und Gabriel vor Gottes Thron steht.

Als Vollstrecker des Strafurteils Gottes über die Sünde wird der Satan als Todesengel gedacht:

„Der Satan, der böse Trieb u. der Todesengel sind identisch, sagt Resch Laquisch."[60]

Im Jubiläenbuch (ca. 2. Jh. v. Chr.) berichten die Söhne Noachs ihrem Vater, dass Dämonen seine Kindeskinder verführen und töten. Da betet Noach zu Gott, er möge dem Treiben der bösen Geister ein Ende machen und sie einsperren. Als daraufhin Gott befiehlt, sie alle zu fesseln, erhebt der Fürst dieser Geister, Mastema, Einspruch:

> *O Herr, Schöpfer! Lass einige von ihnen vor mir übrig, dass sie auf meine Stimme hören und alles tun, was ich ihnen sage! Denn bleiben nicht für mich einige von ihnen übrig, dann kann ich nicht die Macht meines Willens an den Menschenkindern zeigen. Denn diese sind zum Verderben und Verführen vor meinem Gericht; groß ist die Bosheit der Menschenkinder. (Jub 10,8)*

Prägnant fasst Jub 1,20 das Ziel Satans in einem Segensspruch zusammen:

> *Hoch sei, Herr, dein Erbarmen über deinem Volk! Schaff ihnen einen rechten Sinn! Des Beliar Geist beherrsche sie nicht, um sie vor dir dann zu verklagen und sie von allen Wegen der Gerechtigkeit zu locken, damit sie fern von deinem Angesicht verderben!*

Diesen Gedankengängen wird aber im Spätjudentum auch die Überzeugung beigesellt, dass der Mensch der Verführung den Entschluss zum Guten entgegenstellen kann, wie es zum Beispiel in der Damaskusschrift formuliert ist:

> *Wenn ein Mensch zur Tora umkehrt, wird der Engel Mastemas von ihm weichen.*[61]

Auch die Anklagen des Satans können durch Verdienste abgewehrt werden:

> *Wenn der Mensch die Gebote erfüllt und ein Sohn der Tora ist und Almosen gibt, tritt der Satan auf und klagt ihn an, aber seine Fürsprecher treten für ihn auf und rechtfertigen ihn.*[61]

Die Gestalt des Satans kann aber ganz entbehrlich werden, wenn an die Stelle des Verführers Satan der „böse Trieb" tritt, dem aber durch die Befolgung der Thora, wie wir bereits sahen, energisch entgegengetreten werden soll.

Jesus knüpft in seinem visionären Erleben an den Satanssturz an, der auch im rabbinischen Schrifttum auftaucht[62] und dort mit der Legende von den gefallenen Engeln und der Tätigkeit des Erzengels Michael verbunden ist. Aber bei Jesus steht, wie wir noch näher sehen werden, die Vision vom Satanssturz in engster Beziehung zu seiner Schau des Kommens Gottes: Nicht irgendwann in mythischer Vorzeit „geschah" das, sondern jetzt, da Jesus sich im Sohnesbewusstsein zu den Menschen aufmacht.

Dass der Mensch sich nicht vor einem göttlichen Gerichtshof gegen einen Katalog von Anklagen verteidigen muss, das ist die erste und grundlegende Konsequenz, die aus Jesu neuem Gottesbild resultiert. Damit entfällt freilich auch die Möglichkeit, durch Gebotserfüllung und gute Werke sich vor Gott zu rechtfertigen und der Macht des Satans zu entgehen.

Vielmehr „sieht" Jesus im Lichte des Herankommens von Gottes Herrschaft den wahren Zustand des Menschen: *seine Ohnmacht, sich selbst aus dieser Macht befreien zu können.*

Der Satan und die ihm zugeordnete Schar der Dämonen sind für Jesus dynamische Bilder für das tiefe Elend, in dem sich der Mensch ohne eine lebendige Gottesbeziehung befindet.

Diese fehlende Gottesbeziehung lässt den Satan die Herrschaft über den Menschen gewinnen, sodass der Satan zum Gott wird, der die Sinne des „Gott-Spürens" abstumpft, wie Paulus hellsichtig die Erfahrung Jesu nachvollzieht:

> *Unter ihnen, den Ungläubigen, hat der Gott dieser Welt den Sinn verblendet, damit ihnen nicht erstrahle das helle Licht des Evangeliums von der Herrlichkeit Christi, der da ist das Bild Gottes. (2 Kor 4,4)*

Der „Gott dieser Welt" hat, wörtlich übersetzt, die Sinne *blind gemacht*, sodass in der Heilung von der Blindheit die Befreiung aus der Satansherrschaft geschieht, wie wir noch sehen werden.

Zunächst gilt es aber, noch weitere Bilder anzuschauen, die Jesu Vision von der Satansherrschaft spiegeln. Besondere Bedeutung kommt dabei der so genannten „Beelzebul"-Perikope in Mk 3,22–27 zu, die wichtige Parallelen bei Matthäus (Mt 12,22–32) und Lukas (11,14–23) hat: Auf den Vorwurf der Schriftgelehrten, Jesus selbst sei vom Teufel besessen und treibe „durch den Fürsten der Dämonen" die Dämonen aus, antwortet Jesus mit folgendem Bild:

Wenn eine Königsherrschaft mit sich selbst entzweit ist, kann nicht bestehen jene Königsherrschaft. Und wenn ein Haus mit sich selbst entzweit ist, wird jenes Haus nicht bestehen können. Und wenn der Satan aufsteht wider sich selbst und entzweit ist, kann er nicht bestehen, sondern ein Ende hat er. (Mk 3,24–26)

Matthäus und Lukas bringen zusätzlich einen Satz, der den wirklichen Sinn der Dämonenaustreibungen durch Jesus herausstellt:

Wenn ich durch den Finger Gottes die Dämonen austreibe, dann ist ja hingelangt zu euch die Königsherrschaft Gottes. (Lk 11,20)

Mt 12,28 formuliert „durch Gottes Geist", was aber sicher sekundär ist. Denn hätte Lukas diese Formulierung in seiner Quelle vorgefunden, hätte er sie schon deshalb übernommen, weil er das Wirken des Geistes stets besonders herausstellt.

Jesus schaut also zwei „Königreiche": das des Satans und das Gottes. Beide ringen geradezu um die Herrschaft über den Menschen. Jesus sieht sich in seiner Sendung einem dämonischen Reich oder „Haus" gegenübergestellt, das sehr wohl in sich gefestigt ist:

Niemand kann in das Haus des Starken hineingehen und dessen Habe ausrauben, wenn nicht zuvor er gebunden hat den Starken, und dann wird er dessen Haus ausrauben. (Mk 3,27)

In Jesu Schau erscheint also Satan als der Starke, der seinen Hausrat, nämlich die Menschen, bewacht, sodass sie keine Chance haben zu entrinnen. Es bedarf demnach eines Stärkeren, der den

Satan binden und die Menschen befreien kann. Das kann nach Jesu Vision nur Gott selbst sein.

Wir brauchen hier nicht weiter zu verfolgen, wie die Urkirche sich das Fortwirken Satans in der Gemeinde zur Erklärung von Unglaube und Glaubensschwäche vorgestellt hat, zum Beispiel in der Deutung des Gleichnisses vom Säman (Mk 4,15)[64]. Für uns ist wichtiger, dass sie offenbar eine deutliche Erinnerung daran aufbewahrt hat, dass Jesu Wirken Befreiung von der Satansherrschaft war, die aus seiner Gottverbundenheit entsprang:

> *Ihr wisst, was nach der Taufe, die Johannes predigte, in ganz Judäa geschehen ist: wie Gott Jesus von Nazaret, angefangen von Galiläa, mit dem Heiligen Geist und mit Wunderkraft gesalbt hat, wie dieser umherzog, Wohltaten spendete und alle heilte, die vom Teufel besessen waren; denn Gott war mit ihm. (Apg 10,37–38)*

Jesu gesamtes Heilungswirken wird hier als Befreiung des Menschen aus der Herrschaft des Satans gekennzeichnet und mit seinem Sohnesbewusstsein unlösbar verbunden.

Am klarsten spiegeln das Johannesevangelium und die Johannesbriefe die Vision Jesu wider.

Es scheint, als sei der Verfasser dieser Schriften besonders tief in die Erfahrung Jesu hineingenommen worden, wenn er den vom Gott Jesu fernen Menschen als Kind des Teufels sieht:

> *Ihr habt den Teufel zum Vater und wollt die Gelüste eures Vaters tun. Jener war ein Menschenmörder von Anfang an und hatte in der Wahrheit keinen Stand … (Joh 8,44)*

Den beiden Herrschaftsbereichen entspricht die jeweilige Kindschaft: entweder hat der Mensch den Teufel zum Vater oder den Gott Jesu. Und deshalb fasst der 1. Johannesbrief das Wirken Jesu als Zerstörung des Werkes Satans zusammen:

> *Wer die Sünde tut, ist vom Teufel, weil der Teufel von Anfang an sündigt. Dazu ist der Sohn Gottes erschienen, dass er die Werke des Teufels zerstöre. (1 Joh 3,8)*

Die „Sünde" ist hier, entgegen dem sonstigen Sprachgebrauch, die Ablehnung des Gottes, der in Jesu Werk dem Menschen entgegenkommt, um ihn zum Kind Gottes zu machen.

3.23 Das Kommen der Basileia Gottes

Die Vision Jesu vom Satanssturz und der Gefangenschaft des Menschen im „Haus des Starken" ist umfasst von der, dass die Basileia Gottes kommt und dem Menschen die Chance eröffnet, frei zu werden. „*Basileia*", meist als „Reich Gottes" wiedergegeben, ist ein dynamischer Begriff in der hebräischen Sprache. Er meint also nicht zuerst ein „Territorium", in dem jemand das Sagen hat, sondern die Machtsphäre. Deshalb trifft „Herrschaft Gottes" das Gemeinte besser. Genau muss es heißen: die Königsherrschaft Gottes.

Es gibt viele und umfangreiche Literatur zu dem Thema „Reich-Gottes-Erwartung" im Judentum zur Zeit Jesu. Das Kommen des Reiches Gottes muss im Zusammenhang mit einem Messias gesehen werden, der – in sehr unterschiedlicher Weise – als entscheidender Bote der „Endzeit" vor dem endgültigen Aufrichten der Herrschaft Gottes erwartet wurde.

Nun gehört es zu den am besten gesicherten Ergebnissen der neutestamentlichen Forschung, dass Jesus den Titel „Messias" für sich deshalb ablehnte, weil er sich mit keiner der damals herrschenden Vorstellungen identifizierte und mit keiner identifiziert werden wollte.

Deshalb muss auch die Frage, welche der gängigen Vorstellungen von der Basileia Jesus zum zentralen Inhalt seiner Botschaft machte, in die Irre führen. Denn dann wird aus Jesus ein „Apokalyptiker" gemacht, der – wie Tausende andere auch – das Kommen Gottes zum Gericht über die Völker und die Ungläubigen erwartete, weil er das Ende dieser Weltzeit nahen sah. Dann kann nur noch festgestellt werden, dass er sich eben geirrt habe, aber dennoch sein Leben und seine Botschaft von großer Bedeutung seien.

Im Gegensatz zu solchen Einordnungsversuchen der Botschaft Jesu in den Zusammenhang damaliger Erwartungen müssen wir gerade auch bei der Basileiabotschaft Jesu nach der ihr zugrunde liegenden *Erfahrung* Jesu fragen. Es ist zu erwarten, dass sie eng mit der des Sohnesbewusstseins zusammenhängt. Aber es ist nicht ausgeschlossen, dass sie an *mystische* Erlebnisse anknüpft, die im damaligen Judentum lebendig waren.

Gottes Königtum in der frühen jüdischen Mystik
Die früheste jüdische Mystik zur Zeit Jesu knüpfte an die Vision vom Throne Gottes im ersten und zehnten Kapitel des Buches Ezechiel an. Nach der Schilderung des Thronwagens mit den eigenartigen vier Wesen heißt es:
> *Oberhalb der Feste, die über ihren Häuptern war, da war etwas, das aussah wie Saphirstein und einem Throne glich, und auf diesem thronähnlichen Gebilde war oben eine Erscheinung, die das Aussehen eines Menschen hatte. (Ez 1,26)*

Ganz ähnlich heißt es beim Propheten Ezechiel:
> *Da schaute ich, und siehe, über der Feste, die sich zu Häupten der Kerubim breitete, da war es wie Saphirstein, da wurde etwas, das einem Throne glich, über ihnen sichtbar. (Ez 10,1)*

„Darüber kann kein Zweifel sein: die älteste jüdische Mystik ist Thronmystik", schreibt Gershom Scholem in seiner klassischen Darstellung der jüdischen Mystik.[65] Es geht in ihr um „die Erkenntnis der Mysterien dieser himmlischen Thronwelt". Thema ist der „Hofstaat" Gottes, und der Mystiker durchschreitet die Hallen (Hechalot), um zum Throne des Königs zu gelangen. Denn im Zentrum der religiösen Erfahrung dieser Mystiker stand Gott als König:
> *In den Hechalot ist Gott vor allem König, um es genauer zu sagen: heiliger König, eine Wendung des religiösen Gefühls, wie sie sich auch außerhalb des Kreises der jüdischen Mystiker in*

zentralen Stücken der zeitgenössischen jüdischen Liturgie aus-
spricht.[66]

Es liegt nahe, dass mystisch begabte Menschen durch die Mit-
feier der Liturgie zu ihren Erfahrungen angeregt wurden, ja diese gleichsam eine Brücke zu ihnen war. Für Jesus dürfen wir davon ausgehen, dass der Besuch des Synagogengottesdienstes
und des Tempels zu den Hochfesten selbstverständlich war.
Jüdische Mystik konnte sich leicht mit der Apokalyptik verbinden und darüber spekulieren, wie und wann Gott die Herrschaft
der „Gottlosen" durch sein Gericht beenden und seine Herrschaft aufrichten werde. Denn es lag nahe, das Kommende zunächst als im Himmel verborgen zu schauen, womit wir bei der
mystischen Himmelsreise sind.

Das wohl bekannteste Beispiel dafür ist das schon erwähnte
Buch Henoch, das unter anderem ausführlich den „Fall" der
Engel schildert und das Strafgericht über sie. In diese Schilderung eingestreut finden wir früheste Zeugnisse der ältesten jüdischen Mystik, die Schau des „Herrn" als König:

> *Da sprachen sie zum Herrn der Welten: Du bist der Herr der*
> *Herren, der Gott der Götter, der König der Könige. Der Thron*
> *deiner Herrlichkeit besteht durch alle Geschlechter der Welt;*
> *dein Name ist heilig, ruhmvoll und in aller Welt gepriesen.*
> (Hen 9,4)[67]

Wenn dieser König „herabkommt", wird sich das Geschick der
„Gerechten" wenden:

> *Dieser hohe Berg, den du erblickst und dessen Gipfel dem Thron*
> *Gottes gleicht, ist sein Thron, worauf sich der Heilige, Große,*
> *Eine, der Herr der Herrlichkeit, der ewige König setzen wird,*
> *wenn er herabkommt, die Erde mit Segen heimzusuchen ...*
> *Da pries ich den Herrn der Herrlichkeit, den König der Ewig-*
> *keit, dass er solches für die Gerechten zubereitet, geschaffen und*
> *verheißen hat. (Hen 25,3. 7)*

So ist es nicht verwunderlich, dass die mystische Schau immer wieder in den Lobpreis mündet:

Gepriesen bist du, König, Herr, in deiner Größe groß und mächtig, der ganzen Himmelsschöpfung Herrscher, der Könige König, Gott der ganzen Welt! In alle Ewigkeit bleibt deine Macht und Königsherrschaft samt der Größe, durch alle die Geschlechter deine Herrschaft. Dein Thron sind ewig alle Himmel; die ganze Erde ist der Schemel deiner Füße immerdar. (Hen 84,2)

Aber so nahe liegend die Verbindung zwischen Mystik und Apokalyptik ist, sie ist nicht zwingend. Die Schau Gottes als König kann durchaus auch zu einer persönlichen religiösen Erfahrung werden.

Wichtiger ist ein anderer Grundzug der Mystik, nämlich das geheime *Wissen (Gnosis).*

Der Mystiker erfährt etwas, was normalerweise niemand erfährt, und er kann, wenn er will oder sich dazu beauftragt fühlt, dieses Wissen mitteilen. Wir werden später noch genauer sehen, dass Jesus das, was er über die Basileia zu sagen hat, als „Mysterien", als geheimes Wissen an die Jünger weitergab. Schon das zeigt, dass seine Basileiaverkündigung mystischer Erfahrung entspringt.

Ein weiteres Element der ältesten jüdischen Mystik, der Merkaba-Mystik, ist die „Metamorphose dieser Mystik in Theurgie, wo nun der Meister der geheimen ‚Namen' selber solch herrscherliche Gewalt ausübt, wie sie uns die verschiedenen theurgischen und magischen Prozeduren schildern, die in dieser Literatur zahlreich erhalten sind"[68]. Mystische Erfahrung des erhabenen Königs, des Herrn der Herren, setzt sich um in die machtvolle, Furcht erregende Beschwörung der widergöttlichen Mächte durch den Theurgen. Im klassischen Chassidismus des achtzehnten und neunzehnten Jahrhunderts finden wir die Verbindung vom Heiler und geistlichem Führer in der Person des Zaddik wieder.[69]

Jesu Schau der Basileia

In den synoptischen Evangelien finden wir einen eigentümlichen Satz, der an einige Nachfolgeworte angehängt ist, aber ganz sicher ursprünglich nicht an diese Stelle gehört.

In der ältesten Fassung bei Markus lautet er:

> *Und er sagte ihnen: Amen, ich sage euch: Es sind einige hier von den Stehenden, die da nicht verkosten werden den Tod, bis dass sie sehen die Königsherrschaft Gottes, gekommen in Kraft.*
> *(Mk 9,1)*

Während Lukas den Satz von Markus fast wörtlich übernimmt und nur den Zusatz „gekommen in Kraft" weglässt (Lk 9,27), ist er von Matthäus bereits deutlich im Sinne der nachösterlichen Erwartung des kommenden Menschensohnes abgewandelt: „… bis dass sie sehen den Menschensohn, kommend in seiner Königsherrschaft" (Mt 16,28).

In der Markusfassung dürfte ein authentisches Jesuswort aufbewahrt sein, das später, wie Matthäus zeigt, im Sinne der urchristlichen Jesusdeutung aktualisiert wurde. In der jetzigen Form ist es vermutlich ein urchristlicher Prophetenspruch, der in eine Situation hineinspricht, die schwer zu rekonstruieren ist. Aber sein Wurzelgrund mag ein Jesuswort sein, das wir uns ähnlich wie den Satz vom „Satanssturz" denken können:

> *Ich sah die Königsherrschaft Gottes machtvoll (herab)kommen!*

Freilich sah auch Jesus die Basileia nicht einfach nur vom Himmel zur Erde irgendwohin gekommen, sondern stellte einen engen Zusammenhang her zwischen ihr und seiner eigenen Berufung, seinem Wirken:

> *Wenn ich aber durch den Finger Gottes die Dämonen austreibe, so ist ja das Reich Gottes zu euch (an)gekommen. (Lk 11,20)*

Wer Augen hat, zu sehen, sieht Gott den König mitten unter den Menschen am Werk:

> *Als er von den Pharisäern gefragt wurde, wann das Reich Gottes komme, antwortete er ihnen: „Das Reich Gottes kommt nicht so, dass man es berechnen könnte. Auch wird man nicht sa-*

gen: Siehe, hier! oder dort! Denn siehe, das Reich Gottes ist mit-
ten unter euch." (Lk 17,20–21)

Das eigentliche persönliche mystische Erleben der Gottesherrschaft und ihres Kommens durch Jesus geschah aber zweifellos dadurch, dass er sich als *der Sohn* des himmlischen Vaters
erfuhr.

Über dieses einzigartige Erleben sprach Jesus wahrscheinlich
selbst nie vor anderen, da niemand es zu seinen Lebzeiten auf
Erden begreifen konnte. Aber die Ostererfahrung der Zeugen
durfte ihn so hören: den Mystiker, der – ganz im Stil der alten
jüdischen Mystiker[70] – im hymnischen Lobpreis dem Überwäl-
tigenden seiner Schau Ausdruck gab:

In derselben Stunde jubelte er im Heiligen Geiste und sprach:
„Ich preise dich, Vater, Herr des Himmels und der Erde, dass du
dies vor Weisen und Klugen verborgen, Einfältigen aber
geoffenbart hast. Ja, Vater, so war es wohlgefällig vor dir. Alles ist
mir von meinem Vater übergeben. Niemand kennt, wer der Sohn
ist, als nur der Vater, und niemand, wer der Vater ist, als nur der
Sohn und wem der Sohn es offenbaren will." (Lk 10,21–22)

So *hineingenommen in die Schau Jesu* durften sich die Jünger
– wie es das anschließende Wort des Auferstandenen aus dem
Mund eines urchristlichen Propheten verdeutlicht – selig gepriesen wissen:

Selig die Augen, die sehen, was ihr seht! Denn ich sage euch:
Viele Propheten und Könige sehnten sich, zu sehen, was ihr
seht, und haben es nicht gesehen, und zu hören, was ihr hört,
und haben es nicht gehört. (Lk 10,23–24)

In der mystischen Schau wurde Jesus ein „Wissen" offenbart, das
alle menschliche Erkenntnis übersteigt und alle „Theorien" über
das Kommen des Reiches Gottes über den Haufen wirft.

Was immer er tun und sagen wird, wird er auf dem Hintergrund dieser Erfahrung sprechen und in seinem Handeln
zeichenhaft setzen. Und deshalb werden uns seine Gleichnisse
über die Basileia noch einmal in einem ganz neuen Licht erschei-

nen, wenn wir sie als Schau-Bilder seiner mystischen Erfahrung sehen und hören.

3.24 „Mit der Basileia ist es wie … "

Dass Jesus Gleichnisse erzählt hat, steht außer Zweifel. Soweit sie seine zentrale Botschaft von Gott, sein neues Gottesbild zum Inhalt haben, werden sie uns noch beschäftigen.

Hier geht es vorerst nur einmal um diejenigen, die ausdrücklich von der Basileia handeln, die Matthäus „Himmelreich" nennt. Deshalb spricht er auch von den „Geheimnissen des Himmelreiches", wo er diese Gleichnisse im dreizehnten Kapitel zusammenstellt.

Wie „schaut" nun Jesus dieses Himmelreich oder das Reich Gottes?

Wie für alle Mystiker ist auch für ihn das Himmlische, dass, was Gott betrifft, ein „Mysterium", das nicht ohne weiteres zugänglich, sondern verborgen ist. Deshalb muss es ja auch ausdrücklich offenbart werden. Es geht also um jenes „geheime Wissen", von dem wir bereits im Zusammenhang mit der jüdischen Mystik sprachen. Die Evangelisten kennen deshalb auch einen auserwählten Kreis, dem diese Geheimnisse kundgetan werden:

Er redete nur in Gleichnissen zu ihnen; seinen Jüngern aber erklärte er alles, wenn er mit ihnen allein war (Mk 4,34).

Da kamen die Jünger zu ihm und sagten: Warum redest du zu ihnen in Gleichnissen? Er antwortete: Euch ist es gegeben, die Geheimnisse des Himmelreiches zu erkennen; ihnen aber ist es nicht gegeben (Mt 13,10–11).

Aber wer nun erwartet, dass Jesus himmlische Visionen kundtut und etwa im Sinne der Merkaba(Thron-)Mystik die himmlischen Hallen beschreibt, wird enttäuscht. Nichts von alledem findet sich bei ihm. Es sind keine eindrucksvollen Bilder, die er vor

Augen stellt, sondern er will die Augen öffnen für scheinbar Selbstverständliches.

Im Alltäglichen blitzt „etwas" auf, ohne dass man sagen könnte, mit diesem oder jenem ist es identisch. Die Basileia ist nicht der Samen oder das Senfkorn.

Es kann im aufmerksamen Hinsehen auf das, was der Sämann tut, sich zeigen, ohne doch be-griffen zu werden.

Das Himmelreich ist aber auch nicht einfach eine „Idee", für die Jesus anschauliche Vergleiche sucht. Es ist wirklich zum Greifen nahe gekommen, „mitten unter euch" (Lk 17,21).

Jesus sieht Gott „herrschen", indem dieser Gott das Unerwartete und Menschenunmögliche wirkt. Freilich muss der Blick das scheinbar Banale der Lebensvorgänge durchstoßen und auf das „Geheimnis" aufmerksam werden.

Schon die Urkirche hatte offensichtlich das Bedürfnis, die Basileiagleichnisse zu erweitern und mit Auslegungen zu ergänzen, die sie für das Gemeindeleben „praktikabel" machen sollten. Welche Reich-Gottes- bzw. Himmelreichsgleichnisse auf Jesus zurückgehen und wie er sie wirklich erzählt hat, ist heute sehr schwer zu sagen. Die von Matthäus im 13. Kapitel seines Evangeliums zusammengestellten Gleichnisse finden sich zum Teil bei Markus und bei Lukas, einige stehen nur bei ihm. Wir müssen zudem damit rechnen, dass Matthäus die Texte deutlich verändert oder ergänzt hat, um den ihm so wichtigen Gedanken der Aussonderung der „Unbrauchbaren" für die Gemeinde hervorzuheben. So hat er das Gleichnis vom Wachsen der Saat, das wir bei Markus finden (Mk 4,26–29), durch das vom Unkraut unter dem Weizen ersetzt (Mt 13,24–30) und sehr wahrscheinlich das vom Fischfang (13,47–50) hinzugefügt. So erhält er auch – wenn man das Doppelgleichnis vom Schatz und der Perle (13,44–46) als eines rechnet – sieben Gleichnisse, womit der Evangelist die Vollkommenheit von Jesu Gleichnisrede ausdrücken will.

Markus berichtet uns nur von zwei ausdrücklichen Reich-Gottes-Gleichnissen: dem von der selbstwachsenden Saat(4,24–29) und dem vom Senfkorn (4,30–32); Lukas hat wie Matthäus zum Senfkorngleichnis noch das vom Sauerteig angefügt (13,18–19 und 20-21), hat aber nicht das von der selbstwachsenden Saat.

Wie sollen wir mit diesem Befund umgehen? Wir wollen ja dem Mystiker Jesus begegnen, der uns helfen will, die Augen zu öffnen, dem Mystagogen, der uns im Alltag Gott finden lassen möchte. Nun hat schon vor Jahren Franz Kogler in einer gründlichen Studie gezeigt, dass wir es überall dort, wo in den Gleichnissen das *Wachstum* des Reiches Gottes oder die Aktivität einer Person betont werden, mindestens mit einer „Fortschreibung" ursprünglich jesuanischer Gleichnisse, wenn nicht mit Neubildungen durch die frühkirchliche Theologie zu tun haben.[71]

In der frühesten Form der Gleichnisse, die wir bei Markus finden, geht es noch nicht um die Person Jesu oder die Ausbreitung der Kirche wie dann bei Matthäus und Lukas, sondern einzig um die Basileia: die nahe gekommene Herrschaft Gottes, die in nichts Großartigem zu greifen, sondern *gegen den Augenschein* unerwartet sich zeigen wird.

Was Jesus von der Basileia schaut, ist also nicht eine bestimmte Gestalt, sondern die Gewissheit ihres Kommens, *ganz ohne menschliches Zutun.* Davon sprechen die wahrscheinlich einzigen ursprünglichen Jesusgleichnisse in Mk 4, wobei auch hier das erste, das von der selbst wachsenden Saat, schon Zusätze erhalten hat:

Das Gleichnis vom Wachsen der Saat (Mk 4,26–29)

> *Er sagte: Mit dem Reich Gottes ist es so, wie wenn ein Mann Samen auf seinen Acker sät; dann schläft er und steht wieder auf, es wird Nacht und wird Tag, der Samen keimt (und wächst), und der Mann weiß nicht, wie.*
>
> *(Die Erde bringt von selbst ihre Frucht, zuerst den Halm, dann die Ähre, dann das volle Korn in der Ähre.)*

(Sobald aber die Frucht reif ist, legt er die Sichel an; denn die Zeit der Ernte ist da.)

Der letzte Vers (29) zeigt bereits wieder den Missionsgedanken: Der Samen ist das Wort Gottes, das in die Herzen der Menschen gesät wird. Am Ende wird Gericht gehalten darüber, wer das Wort angenommen und „Frucht" gebracht hat. Denn die Urkirche zitiert hier ein Wort aus dem Propheten Joel:

Die Völker mögen sich aufmachen und hinaufziehen zum Tale Josaphat! Denn dort will ich zu Gericht sitzen über alle Völker ringsum.

Legt an die Sichel, denn reif ist die Ernte! (Joel 4,12–13)

Aber auch der allmähliche Wachstumsprozess, der in Vers 28 geschildert wird, dürfte kaum auf Jesus zurückgehen, sodass das Gleichnis anfänglich wohl sehr kurz war:

Mit dem Reich Gottes ist es, wie wenn jemand Samen in die Erde streut.

Er steht auf und geht schlafen, und der Same geht auf, und er weiß nicht wie.

Das Gleichnis vom Senfkorn

Er sagte: Womit sollen wir das Reich Gottes vergleichen, mit welchem Gleichnis sollen wir es beschreiben?

Es ist wie mit einem Senfkorn. Dieses ist das kleinste von allen Samenkörnern, die man in die Erde sät.

Ist es aber gesät, dann geht es auf und wird größer als alle anderen Gewächse und treibt große Zweige, so dass in seinem Schatten die Vögel des Himmels nisten können. (Mk 4,30–32)

Das Gleichnis schildert palästinensische Verhältnisse, während Matthäus und Lukas aus dem Senfstrauch einen Baum machen, sodass die Vögel in seinen Zweigen nisten können (was bei den dünnen eines Strauches unmöglich ist).

Der Sinn ist: Niemand würde glauben, dass aus einem Senfkorn ein so respektabler Strauch wird, der alle anderen Gartengewächse überragt. Aber man kann es sehen, sodass daran kein Zweifel möglich ist. Mit dem Reich Gottes ist es anders: Man sieht so gut wie nichts von einer Herrschaft Gottes in der Welt. Dass in einem so kleinen Anfang, wie ihn Jesus in seinem Umgang mit den Menschen, vor allem seinen wenigen Dämonenaustreibungen, setzt, die Königsherrschaft Gottes in der Welt beginnt, kann kein Mensch glauben.

Und dennoch *sieht* Jesus die Basileia genau dort sich Raum schaffen, wo durch heilende Nähe die Macht des Satans zurückgedrängt wird. Das aber heißt: Jesus schaut die Basileia Gottes nicht als machtvoll sich durchsetzende himmlische „Heeresmacht", sondern als *alles durchdringende* Liebe. Davon spricht das kurze Gleichnis vom Sauerteig:

Das Gleichnis vom Sauerteig
Außerdem sagte er: Womit soll ich das Reich Gottes vergleichen?
Es ist wie der Sauerteig, den eine Frau unter einen großen Trog
Mehl mischte, bis das Ganze durchsäuert war. (Lk 13,20–21)

Wenn im Neuen Testament sonst vom Sauerteig gesprochen wird, dann im negativen Sinn: In Mk 8,15 (Mt 16,6) warnt Jesus vor dem Sauerteig der Pharisäer und des Herodes. In Mt 16,12 wird dieser Sauerteig auf die Lehre der Pharisäer und Sadduzäer bezogen. Bei den Rabbinen ist der Sauerteig oft Bild für den „bösen Trieb".[72]

Im Bildwort für das Reich Gottes aber wird er benutzt, um die alles durchdringende Wirkung der „Herrschaft Gottes" zu veranschaulichen. Das aber heißt: Was gewöhnlich als das den Menschen Vergiftende angesehen wurde, seine *Triebhaftigkeit,* wird zur Verstehenshilfe für das, was Gott in seinem Ankommen im Menschen bewirken will: Zum Lebensprinzip zu werden, zur Kraft, die ihn *treibt,* wie es Lukas beispielhaft von Jesus sagt: „Und die Kraft (δυναμις/dynamis) Gottes trieb ihn zum Heilen." (Lk 5, 17)

Nur Matthäus überliefert weitere Reich-Gottes-Gleichnisse, die sich weder bei Markus noch bei Lukas finden. Während das Letzte, das vom Fischnetz, so gut wie sicher nicht auf Jesus zurückgeht, atmet das Doppelgleichnis vom Schatz und der Perle eher den Geist Jesu:

Die Gleichnisse vom Schatz und von der Perle

Mit dem Himmelreich ist es wie mit einem Schatz, der in einem Acker vergraben war. Ein Mann entdeckte ihn, grub ihn aber wieder ein. Und in seiner Freude verkaufte er alles, was er besaß, und kaufte den Acker.

Auch ist es mit dem Himmelreich wie mit einem Kaufmann, der schöne Perlen suchte. Als er eine besonders wertvolle Perle fand, verkaufte er alles, was er besaß, und kaufte sie. (Mt 13,44-46)

Das erste der beiden Gleichnisse unterstreicht noch einmal, dass die Basileia *entdeckt* werden will. Zweifellos redet es in erster Linie von Jesus selbst: Er hat in der Erfahrung seines Sohnesbewusstseins den Schatz gefunden, für den er alles hergibt.

Das Gleichnis vom Kaufmann, der schöne Perlen sucht, bringt aber noch einen anderen Aspekt der Schau Jesu zur Sprache: Er sieht die Basileia *im Suchen des Menschen nach Glück* am Werk. Denn nicht erst die Perle ist die Basileia, sondern bereits die Suche danach.

3.3 Jesus, der Beter

Wiederholt betont Gershom Scholem in seinem Werk über die jüdische Mystik, welchen hohen Stellenwert das mystische Gebet hatte. Seit etwa 1200 kennt die Kabbala die Kawwana, ein Gebet, das von mystischer Meditation über die Worte des Gebets begleitet war.

Sowohl im deutschen Chassidismus des Mittelalters als auch in der spanischen Kabbala des Isaak Luria (16. Jahrh..) spielt es eine große Rolle.[73] Freilich lauerte bei den Kabbalisten auch immer die Gefahr, dem Gebet magische Wirkungen zuzuschreiben.

Aber für einen jüdischen Chassid ist es fast überflüssig, den Stellenwert des Gebets zu betonen, da ja die jüdische Frömmigkeit aus dem Gebet lebt. Jüdische Mystik ohne das Gebet als Eckpfeiler ist eigentlich undenkbar. Und so steht Jesus, der Beter, hier völlig in der Tradition seines Volkes. Das kann gar nicht genug betont werden.

Wenn also in diesem Kapitel so ausdrücklich auf den Beter Jesus hingewiesen wird, dann geschieht dies in erster Linie, um die mystischen Wurzeln von Jesu Wort- und Tatverkündigung nachdrücklich aufzudecken und dem Bild von einem rastlosen Wandermissionar entgegenzusetzen.

Im Neuen Testament, vor allem im Lukasevangelium, wird wiederholt erwähnt, dass Jesus gebetet hat. Das ist mehr als nur eine „lukanische Eigenart" oder ein frommes Vorbild dafür, dass auch wir beten sollen. Hier wird von der Grundlage gesprochen, von der her Jesus verstanden werden muss. Aus ihr erwuchs seine Lebensbotschaft, aus sonst nichts.

Während die synoptischen Evangelien zwar die Tatsache des Betens Jesu, aber nur punktuell Inhalte des Jesusgebets mitteilen, verdankt sich das Johannesevangelium auf weite Strecken der Ostererfahrung der Jünger, die es ihnen erlaubte, den Beter Jesus gleichsam von innen her zu erleben. Leben und Wirken Jesu ist hier ein einziger Dialog Jesu mit seinem Vater.

Auch in diesem Punkt vollendet das Johannesevangelium, was in den synoptischen Texten zwar angelegt, aber noch nicht ausgeführt ist.

3.31 Der Einsame

Und in der Morgenfrühe, als es noch ganz dunkel war, stand er auf, ging hinaus und ging hinweg an einen abgelegenen Ort, und dort betete er. (Mk 1,35)

Jesus, der Einsame, gerade auch der einsame Beter, passt nicht so recht in das gängige Jesusbild. Schon der Evangelist Matthäus strich diese Notiz aus dem so genannten ersten Sammelbericht des Markus (Mk 1,32–39), sodass bei ihm der Eindruck des rastlosen Heilers und Lehrers entsteht (Mt 8,16–17; 4,23). Lukas streicht nur die Mitteilung, dass Jesus an dem einsamen Ort gebetet hat (Lk 4,42), weil er sie später, am Schluss des Berichtes über die Heilung eines Aussätzigen, anbringt. Dort ergänzt er den Markustext „ … draußen, an abgelegenen Orten, war er" (Mk 1,45) folgendermaßen:

Er aber war zurückgezogen an den abgelegenen (Orten) und im Gebet. (Lk 5,16)

Der markinische Text vor allem erweckt den Eindruck, als sei der Rückzug Jesu geradezu eine Flucht vor den Menschen, die ihn mit ihren Nöten erdrücken. Denn er fährt fort:

Simon und seine Gefährten eilten ihm nach, fanden ihn und sprachen zu ihm: „Alle suchen dich." (Mk 1,36)

Das ist gar nicht ausgeschlossen, zumal dann, wenn man beachtet, dass Markus zuvor von dem Massenandrang in Kafarnaum berichtete („Die ganze Stadt war an der Tür versammelt" [Mk 1,33]). Aber entscheidend ist zweifellos die Erfahrung, dass Jesus sich die Kraft zu seinem Wirken aus dem Gebet geholt hat. Und so schließt die Notiz des Markus auch mit dem Bericht über sein Tun:

Da sprach er zu ihnen: „Lasst uns anderswo hingehen, in die umliegenden Ortschaften, damit ich auch dort predige; denn dazu bin ich ausgegangen." Und er wanderte umher, predigte in ihren Synagogen in ganz Galiläa und trieb die Dämonen aus. (Mk 1,38–39)

Aktion und Gebet (Kontemplation) gehören für Jesus zusammen: In seinem Wirken lebt er das, was ihm im Gespräch mit dem Vater als seine Aufgabe klar wird; im Gebet holt er sich die Kraft für sein Tun und lässt es zum Vater zurückfließen.

Lukas bindet den einsam betenden Jesus und die Jünger fast gewaltsam zusammen, wenn er etwa formuliert:

> *Und es begab sich, als er in der Einsamkeit betete, waren die Jünger bei ihm und er fragte sie … (Lk 9,18)*

Für den einsam Betenden passen Jünger „bei ihm" nicht so recht.

Doch geht es dem Evangelisten darum, dass auch der Dialog mit den Jüngern dem Gebet entsprang.

Schreibt Markus in seinem Sammelbericht lediglich von dem „einsamen Ort", an den sich Jesus zurückzog, so nennt er später ausdrücklich den Berg als Ort des Gebets: Als er nach der Brotvermehrung die Leute entlassen und die Jünger mit dem Boot vorangeschickt hatte, „ging er auf den Berg, um zu beten" (Mk 6,46). Zweifellos muss diese Angabe nicht im strengen Sinn historisch genommen werden. Sie zeigt eher, dass den Jüngern von ihrer Ostererfahrung her aufging, wer dieser einsame Beter war und ist: der neue Mose, der mit Gott in einer neuen Weise redet.

3.32 Gebet als Quelle des Tuns

Eine der von Markus berichteten Dämonenaustreibungen endet mit einem kurzen Gespräch Jesu mit den Jüngern, die zuvor versucht hatten, den „stummen Geist" auszutreiben:

> *Als er hierauf nach Hause gegangen war, fragten ihn seine Jünger, während sie mit ihm alleine waren: „Warum konnten wir ihn nicht austreiben?" Da sprach er zu ihnen: „Diese Art kann nur durch Gebet ausgetrieben werden." (Mk 9,28–29)*

Diese sich nur bei Markus findende Bemerkung könnte ohne den bereits bedachten Hintergrund in der Weise missverstanden werden, dass das Gebet für Jesus eine Art „Technik" der Dämonenaustreibung war, so etwas wie eine magische Formel. In Wirklichkeit stellt dieser Satz den wesentlichen Zusammenhang her zwischen dem heilenden Tun Jesu und seiner Gebetsmystik. Jedes Wort und jede Geste des Heilers Jesu fließen aus seiner Verbundenheit mit dem Vater und aus seiner Schau des Menschen als des vom Satan Gefangenen.

Dass jede „Technik" versagt, wird ja gerade durch die Bemerkung unterstrichen, dass die Jünger es nicht vermochten (Mk 9,18).

In besonderer Weise unterstreicht der Evangelist Lukas, dass Jesus aus dem Gebet heraus gehandelt hat. So leitet er die Wahl der Zwölf zu Aposteln folgendermaßen ein:

> *Es geschah aber in diesen Tagen, dass er hinausging auf den Berg, um zu beten, und er verbrachte die ganze Nacht im Gebet zu Gott. (Lk 6,12)*

Auch hier geht es nicht darum, zu rätseln, auf welchen Berg Jesus damals wohl gestiegen sei, sondern die Stelle zeugt deutlich von dem Bewusstsein, dass Jesus aus dem Gebet heraus seine Entscheidungen traf. So darf wohl auch die bereits oben zitierte Stelle aus Lk 9,18 ff. verstanden werden, wo es um Jesu Frage an die Jünger geht, für wen sie ihn halten (Lk 9,18–20), woraufhin Petrus das Messiasbekenntnis ausspricht: Auch Jesu Zusammensein mit den Jüngern verdankt sich seinem Gebet.

Wie sehr die Gestalt des betenden Jesus die Mitte seines Wesens trifft, macht Lukas aber in seiner Ausgestaltung der Verklärungsszene deutlich. Es lohnt sich, dass wir uns dies kurz vergegenwärtigen:

> *Jesus nimmt mit sich den Petrus und den Jakobus und den Johannes, und er bringt sie hinauf auf einen hohen Berg, für sich allein. Und er wurde vor ihnen verwandelt, und seine Gewänder wurden glänzend ... (Mk 9,2–3)*

> *Und er nimmt mit sich Petrus und Johannes und Jakobus, er stieg hinauf auf den Berg, um zu beten. Und es ward, indem er betete, das Aussehen seines Angesichts andersartig und seine Gewandung weiß aufblitzend ...*
> *(Lk 9,28–29)*

Am *betenden* Jesus wird gezeigt, wer er ist: der Lichtglanz des Vaters, sein auserwählter Sohn. Klarer kann nicht mehr gesagt werden, dass das Gebet und Jesu mystische Schau eins sind.

3.33 Gebetsmystik: Gott Raum geben

Was und wie hat Jesus gebetet?

Die synoptischen Evangelien sind sehr sparsam mit Mitteilungen darüber. Das ist allerdings nur allzu verständlich. Denn wir dürfen annehmen, dass Jesus darüber nicht sprach, sodass wir auf die eine Situation verwiesen werden, als die Jünger ihn bitten, sie beten zu lehren. Allerdings ist das Vaterunser das „Gebet Jesu", weil er es die Jünger lehrte, nicht, weil es Jesu eigenes Beten beinhaltet. Deutlich heißt es sowohl bei Matthäus als auch bei Lukas in der Einleitung zu diesem Gebet: „Wenn *ihr* betet, dann sprecht …" (Mt 6,9; Lk 11,2).

Die lukanische Hinführung unterstreicht das noch, wenn sie den betenden Jesus mit den fragenden Jüngern kontrastiert:

> *Und es geschah, als er an einem Ort war und betete, wie er aufhörte, sprach einer seiner Jünger zu ihm: „Herr, lehre uns beten, so wie auch Johannes seine Jünger gelehrt hat." Er sprach aber zu ihnen: „Wann immer ihr betet, sagt: …" (Lk 11,1–2)*

Die Tatsache, dass uns das Vater-unser in zwei unterschiedlichen Fassungen bei Matthäus und Lukas vorliegt, zeigt zudem, dass sein Wortlaut nicht als authentisch jesuanisch „geschützt" war, sondern dass es ein Gebet war, das in verschiedenen Gemeinden unterschiedlich gebetet wurde.

Dennoch gehen wir sicher nicht fehl, wenn wir annehmen, dass Jesus die Jünger nicht etwas lehrte, was ihm selbst fremd war. Zumindest die ersten Bitten atmen ganz den Geist der Verkündigung Jesu:

> *Vater, geheiligt soll sein dein Name!*
> *Kommen soll deine Basileia! (Lk 11,2)*

Das tiefere Verstehen Jesu, das die Ostererfahrung den Jüngern schenkte, hat das Gebet Jesu in einer zweifachen Weise inhaltlich präzisiert: Einmal in der Weise, dass Jesus über seine tiefe Einheit mit Gott als seinem Vater jubelnd und lobpreisend sprach; sodann, dass diese Einheit die Gleichförmigkeit mit dem „Willen des Vaters" beinhaltete, der Jesu Leben so bestimmte, dass er geradezu zur „Speise" wurde, die ihn ernährte (Joh 4,34).

Jesu „Jubelruf" ist uns in der zweifachen Fassung bei Matthäus (11,25–27) und Lukas (10,21–22) überliefert und gipfelt in den Worten:

Alles wurde mir von meinem Vater überliefert, und niemand kennt, wer der Sohn ist, wenn nicht der Vater, und wer der Vater ist, wenn nicht der Sohn, und wem der Sohn beschließt, (es) zu enthüllen. (Lk 10,22)

Schon immer fiel die Nähe dieser Stelle zu den Texten des Johannesevangeliums auf. Und tatsächlich haben wir dort, vor allem im „hohenpriesterlichen Gebet" (Joh 17), den vollendeten Ausdruck des Gebetes Jesu, wie ihn der in die Wahrheit (Jesu) einführende Helfer-Geist schenkte. In ihm wird deutlich, dass die Einheit Jesu mit dem Vater nicht Selbstzweck, sondern Ursprung und Ermöglichung der Einheit der Menschen untereinander sein sollte:

Ich bitte … , dass alle eins seien, wie du, Vater, in mir und ich in dir; dass sie in uns eins seien, damit die Welt glaube, dass du mich gesandt hast. Und ich habe die Herrlichkeit, die du mir gegeben hast, ihnen gegeben, damit sie eins seien, wie wir eins sind. Ich in ihnen und du in mir, so mögen sie zur vollendeten Einheit gelangen, damit die Welt erkenne, dass du mich gesandt und dass ich sie geliebt habe, wie du mich geliebt hast. (Joh 17, 20–23)

Die zweite inhaltliche Komponente, die Bitte um die Gleichförmigkeit mit dem Willen Gottes, verwenden die Synoptiker, um Jesu Einheit mit dem Vater auszudrücken.

Matthäus fügt diese Bitte bereits in seine Fassung des Vaterunsers ein, um die Bitte um das Kommen der Basileia Gottes zu präzisieren:

> Kommen soll deine Königsherrschaft!
> Geschehen soll dein Wille, wie im Himmel auch auf Erden. (Mt 6,10)

Vor allem aber haben die ersten drei Evangelisten dem im Garten Gethsemani betenden Jesus diese Bitte in den Mund gelegt:

> Abba, Vater, alles (ist) dir möglich! Lass diesen Kelch an mir vorübergehen; aber nicht was ich will, sondern was du! (Mk 14,36)

Lukas formuliert: „Doch nicht mein Wille, sondern der deine geschehe." (Lk 22,42)

Das Johannesevangelium lässt Jesus immer wieder davon sprechen, dass es ihm einzig darum geht, den Willen des Vaters zu erfüllen:

> Meine Speise ist es, den Willen dessen zu tun, der mich gesandt hat, und sein Werk zu Ende zu führen. (4,34)
> Ich kann nichts aus mir selbst tun... Denn ich suche nicht meinen Willen, sondern den Willen dessen, der mich gesandt hat. (5,30)
> Denn ich bin vom Himmel herabgekommen, nicht um meinen Willen zu tun, sondern den Willen dessen, der mich gesandt hat. (6,38)
> Ich habe dich verherrlicht auf Erden, ich habe das Werk vollendet, das zu vollbringen du mir aufgetragen hast. (17,4)

Ohne auf den Beter Jesus zu schauen, muss das Entscheidende aus dem Blick geraten, das, was sein Leben in Wort und Tat ausmacht, kann vor allem seine Mystik nicht in ihrer Eigentlichkeit erfasst werden. Sie holt den Himmel in der Weise auf die Erde, dass Gott Raum gegeben werde „sowohl im Himmel als auch auf Erden" (Mt 6, 10).[73] Betend durch-schaut seine Mystik das menschliche Leben, so wie er es selbst erlebt hat, als „Verherrlichung" Gottes, lässt jedes Tun ihn zu Wort kommen.

3. 4 Die Entdeckung des Menschen

3. 41 Die Botschaft von der Basileia

Was heißt es: Jesus verkündete die Basileia? Was war wirklich neu daran? Denn zweifellos sagte Jesus weder damit etwas Ungewohntes, dass er ganz selbstverständlich von Gott sprach, noch schuf er den Begriff „Basileia", sondern er griff ihn vielmehr auf.

Vergegenwärtigen wir uns noch einmal kurz, vor welchem Erwartungshorizont der damaligen Zeit Jesus auftrat: Im Exil sah das Volk Israel keine Chance mehr, Gottes Spuren in der Geschichte auszumachen. Zu niederschmetternd war diese Katastrophe. Daraus entstand die so genannte Apokalyptik: Gottes rettendes Eingreifen wurde nicht mehr in der Geschichte, sondern als Einbruch eines ganz Anderen aus der Welt Gottes erwartet. Erst musste diese Weltzeit zu Ende gehen; dann erst konnte die Basileia Raum gewinnen.

Wenn Jesus nun davon sprach, dass die Basileia nahe – ja bereits angekommen ist, dann knüpft er an die Zeit vor dem Exil, an die Erfahrung des Exodus an: Gott greift hier und heute ein, um das Volk aus der Bedrängnis zu retten. Doch er geht noch einen wesentlichen Schritt weiter.

Denn die Basileia bricht nach ihm nicht in großen Ereignissen der Geschichte des Volkes Israel in diese Zeit hinein, sondern *sie ereignet sich im täglichen Umgang der Menschen miteinander*. Und deshalb wird sie von Jesus in erster Linie in diesem Umgang *gelebt*, und nicht als Lehrsatz oder theologische Meinung verkündigt.

Die Tragweite dieser aus Jesu mystischer Schau erwachsenen Sicht kann gar nicht überschätzt werden. Sie ist bei aller Kontinuität doch ein absolut neues Verstehen Gottes und des Menschen:

und gießt neuen Wein in die alten Schläuche. Sonst wird
...ein die Schläuche zersprengen und der Wein geht zu
Grunde samt den Schläuchen. (Mk 2,22)

Alle Versuche, Jesus hauptsächlich aus der Tradition heraus verstehen zu wollen, müssen deshalb am Wesentlichen vorbeigehen.

In der Sicht Jesu ist Gott nicht mehr der in unerreichbarer Ferne über dem Menschen Thronende, dem der sündige Mensch nur zerknirscht nahen kann und den er mit Opfern zu versöhnen trachten muss, sondern er ist das unverfügbare Geheimnis, „dass Menschen sich auf einmal anders verhalten, dass sie beginnen, auf menschliche Weise miteinander umzugehen"[75]. Damit ist zugleich unterstrichen, dass die Nähe Gottes zum Menschen alles andere als Verfügbarkeit Gottes für den Menschen bedeutet und Gott aufhörte, der Unbegreifliche zu bleiben. So sehr der Mensch durch sein Tun und Erleiden in die Wirklichkeit der Basileia verstrickt ist, er sich also bemüht, „in die Basileia hineinzukommen" oder sich ihr entgegenzustellen (Mt 11,12: Die Basileia erleidet Gewalt), so wenig kann er sie erzwingen, wie die Gleichnisse von der selbst wachsenden Saat zeigen. Damit ist aber das Miteinander der Menschen nicht mehr nur ein sozialpsychologisches Problem, sondern lässt die Basiliea sicht- und fassbare Realität werden. Und Gott ist nicht mehr eine nach menschlichen Vorstellungen und Vorbildern zu definierende Größe in wo immer gedachten Räumen oben, sondern er ist das unfassbare, und letztlich nicht begreifbare „Wesen" dieses Miteinanders von Mensch zu Mensch und Mensch zu Welt.[76]

3.42 Er wusste, was im Menschen ist

Es war vor nunmehr vierzig Jahren, als der französische Theologe und Psychotherapeut Marc Oraison gegen ein damals noch starkes Tabu in kirchenamtlichen Kreisen verstieß: Er würdigte die Arbeit von Sigmund Freud. Und zwar stellte er heraus, dass in der von Freud initiierten Psychoanalyse der *einzelne Mensch* mit seiner ganzen Lebensgeschichte so wichtig genommen wird, dass es sich lohnt, viele Stunden, ja Jahre daranzugeben, in denen es nur um diesen einen Menschen geht, mit der Aussicht, dass er daraufhin sein Leben etwas freier, glücklicher, menschlicher leben könnte.[77]

Möglicherweise war sich der Jude Freud nicht klar darüber, wie sehr er mit seiner Intuition an Jesus heranrückte, dessen Arbeit aufnahm und weiterführte, wenn freilich auch unter anderen Voraussetzungen und anderer Begrifflichkeit.

Das Heilungsverfahren der Psychoanalyse beruht bekanntlich auf der Annahme, dass es nicht am mangelnden Wissen oder gutem Willen fehlt, wenn ein Mensch sein Leben nicht mehr meistert, sondern dass sich der Schatten seiner Lebensgeschichte, vor allem der seiner Kindheit, über alles schiebt und es verdunkelt. Das vom Menschen ins Unbewusste abgeschobene leidvolle Erleben, sein nicht erlaubtes Leben als Lust, als Wut oder Trauer, sein uneingestandener Schmerz über die nie erhaltene Zuwendung und Wärme, das alles drängt irgendwann ans Licht als meist unverstandene „Symptome", weil zur Unkenntlichkeit entstellt. Aber dieses Unverstandene und Unverarbeitete hat inzwischen die Macht über das Denken und Fühlen des Menschen bekommen, bestimmt die Motive seines Handelns, während er glaubt, frei zu entscheiden und zu handeln. Während der Mensch glaubt, zu leben, wird er gelebt und gehorcht einer Macht, die er nicht kennt, aber intensiv spürt. In der Sucht oder der Perversion drückt sich ein ursprüngliches kindliches Bedürfnis nach Liebe und Annahme in einer Weise aus, die den Betroffenen geradezu zum Spielball dieses entstellten Verlangens macht, ihn einer letztlich tödlichen Tyrannei ausliefert, die ihn völlig im Griff hat.

Freud ahnte diese Macht des Verdrängten, das er das Unbewusste nannte. Er versuchte, es durch rationale Analyse und Definitionen in den Griff zu bekommen und ihm so seine Unheimlichkeit zu nehmen. Als Arzt spürte er wohl die unendliche Tragik, die über dem menschlichen Leben liegt; als Wissenschaftler, der er als Kind des 19. Jahrhunderts sein wollte, hat er sie wahrscheinlich selbst noch einmal verdrängt und durch seine Theorien zu bannen sich bemüht.

Doch eines ist sicher: Aus der scheinbar wohl geordneten und sich selbstbewusst und wohlanständig gebenden bürgerlichen Gesellschaft der Jahrhundertwende holte er den einzelnen Menschen heraus, gab ihm Gelegenheit, auszusprechen, wie es ihm tatsächlich geht, und strafte die Ideologie einer heilen Welt Lügen.

Jesus war kein wissenschaftlicher Analytiker. Er benannte die den Menschen gefangen haltende Macht vor dem Denkhorizont der damaligen Zeit mit Satan und den Dämonen.

Und er verdankte diese Sicht des Menschen nicht langjähriger ärztlicher Erfahrung, sondern seiner mystischen Intuition:

Jesus selbst aber vertraute sich ihnen nicht an, weil er alle kannte und nicht nötig hatte, dass ihm jemand Zeugnis ablegte über den Menschen. Denn er wusste selbst, was im Menschen war.
(Joh 2,25)

Die Entdeckung des Einzelnen

Dieses Herausstellen dessen, was der Mensch wirklich ist, geschah durch Jesus regelmäßig dadurch, dass er *den Einzelnen* aus der Menge oder Gruppe oder Versammlung *herausholte* und in einer persönlichen Begegnung heilte.

Die damals scheinbar heile Welt tritt dabei in den uns überlieferten Texten vor allem als die Dorfgemeinschaft (Familie/Sippe) und die Synagoge in Erscheinung.

Die Ordnung dieser Welt war vor allem durch klare Unterscheidungen gewährleistet: Es gab Gerechte und Sünder, Reine und Unreine, Volkszugehörige und Fremde. Wer diese Unterscheidungen, die im Selbstverständnis als Volk Gottes gründeten, aufhob, entzog der Gesellschaft ihre Grundlage. Genau dies tat Jesus und musste sich damit notgedrungen die Todfeindschaft der führenden Schicht zuziehen.

Schauen wir uns Beispiele an, die Jesu Vorgehen zeigen. Dabei greifen wir notwendigerweise auf Texte aus den Evangelien zurück, die historische Erinnerung und nachösterliche Interpretation (aus der Sicht der Oster- und Missionserfahrung) ineinander schieben. Letztere kommt in den neutestamentlichen Heilungserzählungen vor allem durch zwei Merkmale zum Ausdruck: Einmal durch die Art und Weise, wie Jesus (durch Titel oder andere hoheitliche Charakterisierungen) dargestellt wird; sodann durch eine Szenerie, die dem Leser die Parallele zur christlichen Gemeinde und ihren Problemen nahe legt. Wir wollen uns für unser Vorhaben aber nicht mit den exegetischen Quellenscheidungsversuchen auseinandersetzen, um eine möglichst historische „Reinform" zu finden, sondern von den vorhandenen Texten ausgehen, uns dabei aber des oben Gesagten bewusst bleiben. Wo es um der Sache willen geboten ist, müssen wir allerdings auch offensichtliche nachösterliche Interpretationen und Zusätze benennen.

Wir wählen zunächst zwei Texte aus dem Markusevangelium:

Sie brachten einen Taubstummen zu ihm und baten ihn, ihm die Hände aufzulegen. Und er nahm ihn aus der Menge heraus beiseite, legte ihm die Finger in die Ohren und berührte seine Zunge mit Speichel, blickte zum Himmel auf, seufzte und sprach zu ihm: „Epphata", das heißt: „Tu dich auf!" (Mk 7,32–34)

Man brachte ihm einen Blinden und bat ihn, dass er ihn berühre. Und er nahm den Blinden bei der Hand und führte ihn zum Dorf hinaus. Dann benetzte er dessen Augen mit Speichel, legte ihm die Hände auf und fragte ihn: „Siehst du etwas?" (Mk 8,22–23)

Die sicher in der Substanz alten Texte, die Markus in seine Jesuserzählung einfügte, zeigen die Dorfgemeinschaft als Ausgangssituation. Für den „Symptomträger" wird Hilfe gesucht, wie wir das ja auch heute kennen: In einer Familie ist ein Kind „auffällig" und muss deshalb behandelt werden. Auch Freud gewann seine tieferen Einsichten über den Menschen dadurch, dass Einzelne aus der bürgerlichen Gesellschaft „aus dem Rahmen fielen" und ärztliche Hilfe suchten. Zweck der Behandlung soll sein, die Kranken wieder in die Gesellschaft einzufügen, damit die schöne Fassade nicht gestört wird.

Das schließt nicht aus, dass man Mitleid mit den Kranken hatte und für sie tat, was man konnte. Für die Zeit Jesu kommt allerdings noch etwas Entscheidendes hinzu:

Krankheit war Ausdruck dafür, dass jemand von Gott für seine Sünden gestraft wurde.

Für einen Kranken um Befreiung vom Leiden zu bitten, bedeutete demnach, dass diese Strafe nicht einfach hingenommen, sondern Gott um Rücknahme der Strafe gebeten wurde. Wahrscheinlich fühlte sich ja die ganze Gemeinschaft, zu welcher der Betroffene gehörte, irgendwie mitschuldig, wenn einer von ihnen so von Gott „gezüchtigt" wurde.

Das ist der soziologische Hintergrund unserer Erzählung.

Ein gängiges Jesusbild, wie es nicht zuletzt durch bestimmte „Wundergeschichten" des Neuen Testaments geformt wurde, ließe nun eine ganz einfache Reaktion Jesu erwarten: Er berührt ihn kurz, und der Kranke ist gesund; oder er sagt nur: „Sei gesund!", und der Taubstumme kann wieder reden. Der Evangelist Matthäus zum Beispiel verkürzt und verändert die markinische Erzählung folgendermaßen:

Und es gingen viele Volksscharen zu ihm, die bei sich Lahme, Krüppel, Blinde, Taube und viele andere hatten, und legten sie zu seinen Füßen nieder. Und er heilte sie. (Mt 15, 30)

Man erkennt unschwer, wie sehr es Matthäus nur noch um die Großartigkeit Jesu zu tun ist, zu der die Beschreibung der Heilung durch Markus nicht mehr passt.

Um so deutlicher wird bei Markus, wie es Jesus um den *Einzelnen* geht: Er nimmt ihn *aus der Menge hinweg beiseite*, um sich
nur ihm zu widmen.

Diese Beobachtung kann gar nicht hoch genug veranschlagt
werden. Denn es dauert nicht lange – das Matthäusevangelium
ist etwa zehn Jahre nach Markus geschrieben – , da war das vergessen, weil die Begegnung mit Jesus *zu einer Belehrung der Gemeinde über Christus* geworden war. Das Prinzip der Individua-
lität wurde dem Grundsatz der Zugehörigkeit oder Nicht-
zugehörigkeit des Menschen zur Gemeinde geopfert.

Für den historischen Jesus ist der Einzelne unendlich wichtig.
Wo dies in Heilungsgeschichten verwischt oder getilgt ist, haben wir es mit Überarbeitungen zu tun, bei denen das leitende
Interesse das funktionierende Gemeindeleben oder die missio-
narische Werbung ist.

Der mystische Urgrund

Die Erzählung von der Heilung des Taubstummen bei Markus
zeigt aber noch etwas anderes, was auch bald verloren ging: Dass
die Heilungen Jesu seiner mystische Schau und Verbundenheit
mit Gott entspringen: Das *Aufblicken zum Himmel* verdeutlicht
das. Und jedes Aufblicken eines Menschen, das er in der Begegnung mit einem Menschen wagt, der sich ihm so intensiv zu-
wendet, bedeutet Hineingenommenwerden in die mystische
Verbindung Jesu zu seinem Vater. Das macht der zweite oben
bereits mit seinem Anfang zitierte Markustext (8,22ff.) klar:

> *Und er (der Blinde) blickte auf und sagte: „Ich sehe die Men-
> schen … (Mk 8,24)*

Aufblicken und sehen, was mit dem Menschen los ist, das Wirken aus der mystischen Verbundenheit heraus, finden wir auch
bei Lukas festgehalten:

> *Als Jesus an die Stelle kam [wo der Zöllner Zachäus auf einem
> Baum sitzend ihn erwartet], blickte er auf und sprach zu ihm:*

„Zachäus, steig schnell herab, denn heute muss ich in deinem Hause bleiben." (Lk 19,5)

Als er aber aufblickte, sah er ..., wie eine arme Witwe zwei Heller dort [in den Opferkasten] hineinwarf ... (Lk 21,1–2)

Solche Bemerkungen zum Sehen Jesu sind nicht einfach physiologische Beschreibungen, sondern zeigen uns den Mystiker Jesus, die Mitte seines Wesens.

Den Einzelnen sehen und sich ihm allein leibhaft-sinnlich zuwenden: So wird „ReichGottes" (Basileia) in Jesu Begegnung mit dem Menschen konkret. Nicht Sühneopfer, um Gott gnädig zu stimmen, verordnet Jesus den Kranken, auch nicht unablässiges Gebet, sondern dass dieser Gott nahe sein will im verstehenden, einfühlsamen Mitsein eines Menschen, das ist es, was er zeigt.

Besonders deutlich wird dies, wenn wir uns den Heilungserzählungen zuwenden, in denen die *Synagoge* als Mittelpunkt des religiösen Lebens die entscheidende Rolle spielt. Fester noch als in der Dorfgemeinschaft ist hier ja der Einzelne eingebunden in die Gebets- und Hörgemeinschaft. Das Recht und die Fähigkeit dazuzugehören ist nach bestimmten Gesetzen geregelt. Wer dabei ist, gehört zum Volk Gottes und unterwirft sich den darin herrschenden Normen. Wer der einzelne Mensch als individuelle Person ist, was er fühlt und erlebt, spielt keine Rolle. Es fehlt das einfühlende Mitsein, das den Einzelnen wichtig nimmt. Da müsste schon jemand sein, der sieht, was wirklich im Menschen ist, und es ansprechen und aussprechen:

Er lehrte in einer der Synagogen am Sabbat. Und siehe, da war eine Frau, die seit achtzehn Jahren einen Geist der Schwäche hatte. Sie war verkrümmt und konnte sich nicht mehr ganz aufrichten. Als Jesus sie sah, rief er sie zu sich und sprach zu ihr: „Frau, du bist erlöst von deiner Krankheit." Er legte ihr die Hände auf, und sogleich richtete sie sich auf und pries Gott. (Lk 13,10–13)

Anders als in den vorher angesprochenen Texten sucht niemand für die Frau Hilfe, sie auch nicht selbst für sich. Offenbar wurde es als „normal" empfunden, dass sie so dabei war, wie sie war. In der Selbstverständlichkeit des geregelten Gottesdienstes scheint sie aufgehoben gewesen zu sein, die Gebete mitgesprochen und die Psalmen mitgesungen zu haben.

Niemand nimmt wahr, in welchem Zustand sie sich tatsächlich befindet. Es ist nicht wichtig für das Gelingen der Rituale.

Das Entscheidende ist also hier, dass Jesus sie *sieht*. Der zweite und dritte Satz des oben abgedruckten Textes nimmt bereits die Perspektive Jesu ein. Erst *er* sieht, was mit der Frau los ist. Der Erzähler nimmt es als eine Beschreibung der Frau vorweg. Jesus sieht sie und ruft sie zu sich. Da er als der Lehrende im Mittelpunkt der Aufmerksamkeit steht, rückt er die Frau dorthin. Nicht mehr der Gottesdienst, nicht mehr die Auslegung der Thora bestimmt das Geschehen. Gott wird „präsent" in der Zuwendung Jesu zu dieser einen Frau. Folgerichtig antwortet sie mit dem Lobpreis Gottes, den sie in der Berührung und dem heilenden Wort leibhaftig erfahren durfte. Was mag sie die Sabbate vorher, vielleicht Jahr um Jahr gebetet haben? Konnte sie überhaupt anders, als Gottesdienst für Gottesdienst mechanisch das mitsprechen, was vorgebetet wurde?

Der Mensch: sich selbst entfremdet unter Satans Herrschaft
Jesus sieht ihren Zustand. Niemand musste ihn darüber unterrichten. Und der Protest des Synagogenvorstehers gegen die Heilungstat Jesu am Sabbat gibt Jesus Gelegenheit, das, was er wirklich sieht, in Worte zu fassen:

> *Ihr Heuchler! Bindet nicht jeder von euch am Sabbat seinen Ochsen oder Esel von der Krippe los und führt ihn zur Tränke? Diese Tochter Abrahams aber, die der Satan schon achtzehn Jahre lang gebunden hielt, musste sie nicht am Tage des Sabbats von dieser Fessel gelöst werden? (Lk 13,15–16)*

127

icht nicht von Sünde und Schuld dieser Frau, sondern ...n, dass sie ihrer selbst nicht mehr mächtig ist, weil Satan sie im Griff hatte. Sie hatte ihre Würde als Frau, als „Tochter Abrahams", verloren. So brauchte sie nicht Lossprechung, sondern *Befreiung*.

Das sah Jesus, so sieht er den wahren Zustand des Menschen, der nicht mehr aufrecht sein Leben führen kann, sondern gefesselt ist von einer Macht, die stärker ist als er und sein guter Wille.

Das ist die Entdeckung des Menschen, wie er wirklich ist. Das ist die Wahrheit seines Lebens, die er selbst und die anderen nicht sehen können, weil sie selbst nicht aufrichtig sein können, um ihre Illusionen aufrechterhalten zu können.

Ein anderer Text im neunten Kapitel des Markusevangeliums, der freilich in der uns heute vorliegenden Form schon deutlich von den Problemen urchristlicher Exorzismustätigkeit her bearbeitet ist, lässt Jesus den Vater eines vom „stummen Geist" besessenen Knaben fragen, wie lange diesem das schon widerfahre (Mk 9,21). Jesus fragt in diesem Dialog wie ein Arzt, der eine Anamnese erhebt, um zu einer klaren Diagnose zu kommen, bevor er Heilungsschritte einleitet. Interessant ist die Antwort des Vaters: „Von Kindheit an." (Mk 9,21b)

Möglicherweise sagen auch die achtzehn Jahre, von denen die oben erwähnte lukanische Perikope spricht, dass die Gefangenschaft durch den Satan schon *ein ganzes Leben* lang dauert.

Ebenso wird in einer anderen Erzählung, der von der syrophönizischen Frau, die Jesus um Hilfe angeht (Mk 7,24–30), davon gesprochen, dass „ihr *Töchterlein* einen unreinen Geist" hatte (7,25) und später von dem (kleinen) *Kind*, das sie auf dem Bett liegend fand (7,30). Diese Beobachtungen weisen darauf hin, dass es doch ein Wissen darum gab, dass die Fesselung durch den Dämon lebensgeschichtliche Zusammenhänge hat.

Im übrigen wirken Szenen wie die von Lk 9 (der besessene Knabe) ziemlich künstlich und dürften den in den frühen Gemeinden praktizierten Exorzismus widerspiegeln. Wichtigster Hinweis darauf ist, dass darin Jesus den Dämon jeweils autoritär anherrscht und befiehlt, er solle ausfahren. In unserem Text Mk 9,14 ff. geschieht das in Vers 25 *(Er herrschte den unreinen Geist an mit den Worten: „Du stummer und tauber Geist, ich befehle dir, fahre aus von ihm und kehre nie mehr in ihn zurück!")*, und bereits in der im ersten Kapitel geschilderten Besessenenheilung heißt es: *Da fuhr ihn [den Dämon] Jesus an und sprach: „Schweig und fahre aus von ihm."* (Mk 1,25). Das passt nicht zu Jesus, wie er sonst in den Begegnungen mit Menschen geschildert wird.[78] Denn offensichtlich rücken die leidenden Menschen in diesen Szenen völlig in den Hintergrund, und es soll nur die Macht Jesu demonstriert werden.

Jesus aber geht es um den Menschen, wie die Erzählung in Lk 13 von der gekrümmten Frau zeigt.

Nicht Sünder, sondern Verlorene

Schon ein flüchtiger Blick in eine Konkordanz belehrt uns, dass „Sünde" kein Thema der Evangelien ist, während die übrigen Schriften des Neuen Testaments ausführlich davon reden.

Erst recht war die Sünde kein Thema der Verkündigung Jesu. Sehr wohl aber war die Überwindung des Grabens, der durch die übliche Einteilung der Menschen in Gerechte und Sünder vorgenommen wurde, ein Thema für Jesus: nämlich diese Diffamierung zu beenden.

Dass der Mensch sich Gott und seinem Nächsten gegenüber verfehlt und deswegen immer wieder der Vergebung bedarf, das zu sagen oder einzuschärfen hätte es wahrlich keines Jesus bedurft. Jesus kam sicher nicht, um Selbstverständlichkeiten in Erinnerung zu rufen.

„Sünde" oder „Sünder" eignet sich nicht dazu, Menschen voneinander zu unterscheiden oder gar bestimmte Situationen ihres Lebens damit zu erklären. Das zeigt sehr schön das Lk 13,1–5 überlieferte Wort Jesu als Antwort auf den Bericht, dass Pilatus einige Galiläer grausam hingerichtet habe:

Meint ihr, diese Galiläer seien mehr als alle Galiläer Sünder gewesen, weil sie solches erlitten haben? Nein, sage ich euch ... (Lk 13,2–3) ... Oder meint ihr, jene achtzehn, auf die der Turm am Schiloach stürzte und sie erschlug, seien schuldiger gewesen als alle Bewohner Jerusalems? Nein, sage ich euch; ... (13,4–5)[79]

Kam er aber, um Sünden zu vergeben, wie es Matthäus den Engel Josef gegenüber weissagen lässt, als er ihm im Traum erschien: „Sie [Maria] wird einen Sohn gebären, und du sollst ihm den Namen Jesus geben, denn er wird sein Volk von seinen Sünden erlösen" (Mt 1, 21)?

Zweifellos hat die Urkirche bald Jesu Tod als Sühnetod für die Vergebung der Sünden aufgefasst, und der späte Text bei Matthäus dürfte das im Blick haben. In den Evangelien selbst finden sich aber nur zwei Texte, die explizit von einer Vergebung der Sünden durch Jesus sprechen, und das ist in Mk 2,5–10, Verse, die in eine Heilungsgeschichte (Heilung eines Gelähmten, Mk 2,1–4;11–12) eingefügt sind, und Lk 7,48, der Perikope von der Sünderin im Haus eines Pharisäers, bei dem Jesus zu Gast ist (Lk 7,36–50).

Dass der Disput mit den Pharisäern über Sündenvergebung in Mk 2 nicht historisch ist, darüber sind sich die Exegeten einig.[80] Das zeigt alleine schon die Verwendung des Titels „Menschensohn", der von der Urkirche für Jesus verwendet wurde, um seine hoheitliche Stellung im endzeitlichen Gericht zu verdeutlichen:

Damit ihr aber wisst, dass der Menschensohn Macht hat, auf Erden Sünden zu vergeben – sprach er zu dem Gelähmten –: ... (Mk 2,10)

Unzweifelhaft ist dieser Satz an die Adresse der jüdischen Schriftgelehrten gerichtet, die der Urkirche gegen Ende des 1. Jahrhunderts die von ihr geübte Sündenvergebung bestritten. „Im Namen Jesu", also an seiner Vollmacht als Menschensohn teilnehmend, sah sich die frühe Kirche bevollmächtigt, Sünden zu vergeben und so vor dem kommenden Gericht zu bewahren.

Auch die Szene, die Lukas im siebten Kapitel seines Evangeliums schildert[81] und die sehr schön zeigt, wie Jesus die Ausgrenzung von so genannten „Sündern" nicht mitmacht, ist am Schluss um einen Sündenvergebungsspruch Jesu erweitert. Der zeigt sich aber allein schon dadurch als sekundär, dass er in deutlicher Spannung zum vorhergehenden Satz steht, der die Sündenvergebung als Sache Gottes ansieht, wie es wohl auch die Auffassung Jesu war:

Deshalb sage ich dir: Ihre vielen Sünden sind vergeben, weil sie viel geliebt hat; wem aber wenig vergeben wird, liebt wenig. Zu ihr aber sprach er: „Deine Sünden sind dir vergeben."
(Lk 7,47–48)

Auch wenn Gott nicht ausdrücklich genannt wird, so ist er doch im ersten Satz zu ergänzen: Die Sünden sind vergeben durch Gott. Es handelt sich hier um ein so genanntes theologisches Passiv: Gott wird nicht genannt, ist aber gemeint. Lukas, bzw. seine Quelle, der er diese ideale Erzählung – die aber Jesu Einstellung zu den Sündern sehr gut veranschaulicht – entnahm, nutzte die Gelegenheit, um Jesus als den Christus vor Augen zu führen, den der Glaube als Gottes Sohn bekannte:

Da begannen die, welche mit zu Tische lagen, bei sich zu sagen: „Wer ist dieser, der sogar Sünden vergibt?" (Lk 7,49)

Nicht zuletzt verdeutlicht auch das Vater-unser, dass Sündenvergebung eine Angelegenheit Gottes ist, aber auch eine Pflicht der Menschen untereinander:

Und vergib uns unsere Schuld, wie auch wir vergeben unseren Schuldnern …
Wenn ihr nämlich den Menschen ihre Sünden vergebt, wird auch euer himmlischer Vater euch vergeben. (Mt 6,12.14)

Die vorher angesprochene Erzählung im siebten Kapitel bei Lukas hat der Evangelist an dieser Stelle eingefügt, um ein Wort zu veranschaulichen, das die Gegner Jesu als Vorwurf an ihn formulierten, das die Urkirche aber völlig richtig als „Prädikat" Jesu auffasste:

Der Menschensohn ist gekommen, isst und trinkt; da sagt ihr:
„Siehe, ein Schlemmer und Trinker, ein Freund von Zöllnern
und Sündern." (Lk 7,34; Mt 11,19)

Tatsächlich stoßen wir hier, und nur hier, auf das Neue, das Jesus wollte: das „Dogma" aufzuheben, das da sagte, dass den „Sündern" der Zugang zu Gott verwehrt sei und sie deshalb auch aus dem Volk Gottes ausgeschlossen seien. Durch sein konkretes Verhalten demonstrierte Jesus, dass *allen Menschen* in der herangekommenen Basileia die Gemeinschaft mit Gott offen steht:

Und es begab sich, dass er in seinem Hause zu Tische lag, und
viele Zöllner und Sünder lagen auch zu Tische mit Jesus und
seinen Jüngern …
Als nun die Schriftgelehrten der Pharisäer sahen, dass er mit
den Sündern und Zöllnern aß, sagten sie zu seinen Jüngern:
„Mit den Zöllnern und Sündern isst er!"
Das hörte Jesus und sprach zu ihnen: „Nicht die Gesunden
brauchen den Arzt, sondern die Kranken. Ich bin nicht gekom-
men, Gerechte zu berufen, sondern Sünder." (Mk 2,15–17)

Matthäus, der diesen Text übernimmt, verdeutlicht noch durch ein Schriftzitat, das er Jesus in den Mund legt, worum es Jesus geht:

Geht und lernt verstehen, was es heißt: „Erbarmen will ich und
nicht Opfer." (Mt 9,13; Zitat aus Hos 6,6)

Der historische Jesus dürfte sich kaum in der angegebenen Weise für sein Tun gerechtfertigt haben. Denn die hier nahegelegte Unterscheidung zwischen „Gerechten" und „Sündern" widerspricht seinem konkreten Verhalten. Jesus speiste mit den Pharisäern genauso wie mit den so genannten Sündern. Er führte die Unterscheidung als solche ad absurdum, da für ihn alle Menschen vor Gott „Sünder" sind. Aber dieses Sünder-Sein ist für ihn nicht gebunden an die Frage, ob die Menschen die Vorschriften der Thora erfüllen oder nicht, wie es gemeinhin verstanden wurde, sondern es bezeichnet den *wahren Zustand* des Menschen, der – gefangen in der Macht Satans – unfähig ist, Gott in sein Leben als Kraftquelle und Hoffnungslicht einzulassen. Die Menschen sind für ihn Verlorene, nicht Sünder im üblichen Sinne. Freilich liegt das Schwergewicht seiner Tatverkündigung darin, die bisher Ausgeschlossenen hereinzuholen und in der heilenden Begegnung mit ihnen zu zeigen, dass die Basileia *allen* nahe gekommen ist.

Diese Sichtweise wuchs Jesus aber nicht aus seiner größeren Schriftgelehrsamkeit zu, in der er sich mit den Pharisäern maß, sondern aus seiner Mystik: seiner tiefen Verbundenheit mit Gott und seiner Schau des Menschen, wie er wirklich ist.

3. 5 Jesus, der Mystagoge

Zu ungewohnt ist es, in Jesus nicht den ersten „Beichtvater" zu sehen, der den Menschen im Namen Gottes ihre Sünden nachlässt und ihnen so den Weg zu Gott wieder ermöglicht, sondern der den Menschen als *Verlorenen* sieht. Es lohnt sich deshalb, die Texte daraufhin zu befragen, ob sie diese neue Sicht Jesu bestätigen und vertiefen.

3. 51 Die Suche nach dem Verlorenen

Tatsächlich stoßen wir auf eine Notiz, die uns hier weiterführt und denselben Sachverhalt, der uns bisher vor allem im Bild der „Gefangenschaft" des Menschen durch Satan begegnete, in einem weiteren Bild verdeutlicht: dem des verirrten und verlorenen Schafes:

*Als er aber die Volksscharen sah, wurde er von Mitleid mit ih-
nen ergriffen. Denn sie waren erschöpft und hingestreckt wie
Schafe, die keinen Hirten haben. (Mt 9,36)*

Macht man sich die Mühe, nachzusehen, was die hier verwendeten griechischen Worte bedeuten, dann kommt das, was Jesus sieht, noch klarer in den Blick: Denn die erste Bedeutung
des griechischen Verbs σκυλλω/skýllo ist nicht „ermüden", sondern „sich plagen", „schinden". Und was meistens mit „hingestreckt" übersetzt wird, bedeutet wörtlich „sich elend hinschlep-
pen" und „verloren sein".

So genau sieht Jesus den Menschen: nicht als den mutwillig
Sündigenden, dem kräftig ins Gewissen geredet werden muss,
sondern als den, der sich bis zum Umfallen abmüht und sich
dabei verliert: sich, den anderen und Gott.

Während Matthäus den oben zitierten Satz als Einleitung zu
seiner großen „Aussendungsrede" (Mt 10) bringt, findet er sich
bei Markus innerhalb der Erzählung von der Brotvermehrung
(Mk 6,30 ff.), leitet dort also die wunderbare Speisung ein:

*Und als er ausstieg, sah er eine große Volksmenge und wurde
von Mitleid mit ihnen ergriffen, denn sie waren wie Schafe,
die keinen Hirten haben. (Mk 6,34)*

Jedes Mal liegt dem Satz zweifellos ein Zitat aus Ez 34,5 zu Grunde, aus der großen Hirtenrede des Propheten, in der nach dem
Versagen der „Hirten" (= religiösen Führer) Israels Jahwe selbst
das Hirtenamt übernimmt (Ez 34,1–16). Dass die Ostererfahrung
es den Jüngern ermöglichte, Jesu Suche nach den Verlorenen als
Verwirklichung dieser prophetischen Verheißung zu erkennen,
gehört zweifellos zu den tiefsten Einsichten in die Intention Jesu.
Das Johannesevangelium hat diese Einsicht in einem eigenen
„Hirtenkapitel" (Joh 10,1–18) ausgestaltet.

Wir dürften allerdings kaum fehlgehen, wenn wir annehmen,
dass die urkirchliche Ausgestaltung der Hirtenthematik auf
Selbstaussagen Jesu zurückgeht.

Da ist einmal die Aussage Jesu gegenüber der kanaanäischen Frau, er sei *„nur zu den verlorenen Schafen des Hauses Israel gesandt". (Mt 15,24).* Eine solche Selbstbeschränkung Jesu kann wohl nicht als urchristliche Bildung angesehen werden.

Sodann darf das bekannte Gleichnis vom verlorenen Schaf unschwer als Selbstaussage Jesu verstanden werden:

Wer von euch, der hundert Schafe hat und eines von ihnen verliert, lässt nicht die neunundneunzig in der Wüste und geht dem verlorenen nach, bis er es findet? Und wenn er es gefunden hat, legt er es voll Freude auf seine Schultern; und wenn er nach Hause kommt, ruft er seine Freunde und Nachbarn zusammen und sagt zu ihnen: „Freut euch mit mir, denn ich habe mein Schaf gefunden, das verloren war".(Lk 15,4–6)

Entscheidend ist jedoch, dass das Bild vom Hirten, der dem verlorenen Schaf nachgeht, nicht den „Sünder" im Blick hat, der sich trotzig von Gott abwendet oder geflissentlich sein Gebot übertritt, sondern die *tragische Existenz des Menschen:* Dass er mit allem seinem sich mühevoll Abrackern seinen Lebenssinn nicht findet und sich verliert:

Denn was nützt es dem Menschen, die ganze Welt zu gewinnen, aber sein Leben zu verlieren? (Mk 8,36)

Die *Begierde* als das Grundstreben des Menschen, „die ganze Welt zu gewinnen", also maßlos haben zu wollen, muss zur Sucht und damit zum Verderben für ihn werden, wenn er nicht zugleich sich selbst findet. Aggression und Eros, die wir als die wichtigsten Komponenten der „Begierde" sehen müssen, sind nicht un- oder untermenschlich, schlecht oder böse. Im Gegenteil: Sie sind die Basis seiner Lebensfähigkeit. Aber sie drängen über sich hinaus ins Unermessliche und damit den Menschen in die Krise: Entweder überschwemmen sie ihn und reißen ihn mit sich fort, sodass er ihr Spielball wird und sie selbst „dämonische Mächte" werden; oder die in ihnen zum Ausdruck kommende Sehnsucht nach Unendlichkeit wird „zurückgebunden" an die „Seele", besser: an das Herz als die Mitte des Menschen, wird damit zum

Selbstverständnis des Menschen als eines Wesens, das alles gewinnen will ohne, sich zu verlieren.

Im Bild des Hirten kommt für uns auch eine neue Seite des Mystikers Jesus zum Vorschein, die ich als die „mystagogische" bezeichnen will. Damit richten wir den Blick auf den Mystiker Jesus, insofern er seiner Schau des Menschen im konkreten Umgang mit ihnen Gestalt gibt.

Wir fragen also, wie er seine Schau mitteilt, um die anderen daran teilhaben zu lassen.

Nach dem, was wir uns bisher erarbeitet haben, kann das nur bedeuten, zu sehen, wie er im Alltag der Menschen die Basileia aufscheinen lässt, wie er sie führt (das heißt ja das griechische Wort αγειν/ágein, das in Myst-agogie steckt), damit sie die Wirklichkeit der Basileia verspüren.[82]

Oder anders ausgedrückt: Wie führt Jesus den Menschen so, dass dessen Begierde nicht dessen selbstsüchtiges Ich aufbläht, sondern Selbsterkenntnis und Offenheit für alles untrennbar verbindet?

3. 52 Wegweisung

So sehr das Bild von einem rastlos wandernden Jesus, das sich durch die gedrängte Form der evangelischen „Berichte" aufdrängt, zweifellos die historische Realität nicht trifft, so unzweifelhaft darf doch davon ausgegangen werden, dass Jesus in den Dörfern Galiläas von der Basileia und ihrem Kommen sprach, also viel unter-wegs war.

Er traf die Menschen auf den Wegen und war ein Stück weit ihr Begleiter, oder manche wollten ihn begleitend in seiner Nähe bleiben.

Der Weg als Bild des Lebensweges dürfte für den Mystiker Jesus ein wichtiges Element seiner Schau dessen, was im Menschen ist, gewesen sein. Viele seiner Bildworte und Gleichnisse sprechen davon: Auf den Weg sät der Sämann (Mk 4,4), unterwegs ist der Kaufmann, der kostbare Perlen sucht (Mt 13,45), auf den Weg machen sich die Arbeiter, die im Weinberg arbeiten wollen (Mt 20,1ff.); am Weg findet er den unfruchtbaren Feigenbaum, der nur Blätter trägt (Mt 21,19), „ihre Wege" gingen die, welche zur königlichen Hochzeit eingeladen waren, und statt ihrer wurden die geladen, die an den Wegen und Gassen saßen (Mt 22,5.9–10); weite Wege läuft der Hirte, um das verlorene Schaf wieder zu finden (Lk 15,4), und was ist das Gleichnis vom barmherzigen Vater mit seinen beiden Söhnen anderes als eine eindrückliche Weggeschichte (Lk 15,11ff.)?

Das sind nur ein paar Beispiele, die mir gerade einfallen. Sie können wohl leicht durch weitere ergänzt werden. Bedeutsam ist vor allem, dass der Weg als *Symbol* die beiden Aspekte miteinander verbindet, die für die Begierde als menschliche „Grundbefindlichkeit" so wesentlich sind: einerseits ist der Weg begrenzt, strukturiert, richtungweisend und ermöglicht, sich (zurecht) zu finden; andererseits ist er in gewisser Weise „unendlich", führt in eine Offenheit und Weite, die nicht abzusehen ist.

Begegnungen auf dem Weg

Auch für Jesus selbst war der Weg, den er zielbewusst geht und auf dem er andere mitnimmt, von besonderer Bedeutung. Das kommt schon in der ältesten Darstellung des Markus zum Ausdruck, findet sich aber bei Lukas noch konsequenter ausgestaltet:

> *Es begab sich aber, als die Tage, da er hinweggenommen werden sollte, sich erfüllten, da nahm er entschlossen seinen Weg nach Jerusalem. (Lk 9,51)*

Natürlich ist das Ganze bewusste lukanische Komposition. Die Exegeten lassen hier den „großen Reisebericht" beginnen. Dennoch schließt das nicht aus, dass viele Begegnungen Jesu mit den Menschen nicht zufällig Weggeschichten sind und zur Wegweisung für die werden, die „nicht mehr weiter wissen".

Es dürfte sich lohnen, einige der Texte, die wir traditionell als „Nachfolgetexte" bzw. „Berufungsgeschichten" kennen, bewusst als Wegweisungsbegegnungen zu lesen, um so dem Mystagogen Jesus noch näher zu kommen. Wir klammern dabei zunächst die Heilungserzählungen aus, die ja auch vielfach auf dem Wege sich ereignen. Das Vorhaben ist nicht ganz leicht, weil gerade die „Nachfolgetexte" nach einem gewissen Schema gestaltet und von den frühen Missionserfahrungen der Urgemeinde geformt sind. Zudem stellen sie den Hörern und Lesern den „idealen Jünger" vor Augen, den es sicher nie gegeben hat.

Dennoch erlauben uns die Texte auch in der jetzigen Form die Frage, welche Wegweisung den Betroffenen durch die Begegnung mit Jesus zuteil wurde. Vor allem wollen wir sie lesen als Beispiele dafür, wie das menschliche Streben nach Haben- und Besitzenwollen in Jesu Wegweisung aufgenommen wird, um es zutiefst zu vermenschlichen, zu „personalisieren".

Freilich klammern wir uns dabei nicht an historische Details oder Namen, sondern blicken auf das, was sie im heutigen literarischen Gewand bildhaft ausdrücken.

Und als er am Ufer des galiläischen Sees entlangging, sah er Simon und Andreas ... das Netz im See auswerfen. Sie waren nämlich Fischer. Da sprach Jesus: „Kommt mir nach, ich will euch zu Menschenfischern machen." Und sogleich ließen sie hinter sich ihre Netze und folgten ihm nach. (Mk 1,16–18)

Der bisherige Weg dieser Menschen ist durch ihren Beruf vorgezeichnet. Es ist der Weg, zu Nahrung, Lebensunterhalt, zu gelangen. Das gilt für uns alle, die wir einen ganz wesentlichen Teil unseres Lebensweges, unserer Kraft und Energie darauf verwenden müssen. Und – seien wir ehrlich: wir können gar nicht genug „Fische" haben, das Netz kann nicht voll genug sein.

Ein Schlüsselsatz des Textes ist: „sie ließen hinter sich", um etwas völlig Neues anzufangen.

Auch dies steckt, denke ich, in jedem von uns; der Wunsch, ja die Sehnsucht, neu anzufangen.

Und nun als Jesuswort dieses δευτε/deute, das wörtlich „hierher!" heißt; „Hierher, hinter mir her!" muss man genau übersetzen.

Was muss geschehen, damit wir es fertig bringen, den Blick von den Netzen, in denen wir die Frucht unserer Mühen nach Hause schleppen, auf *den* Menschen und *die* Menschen zu richten?

Unser Text konzentriert alles auf ein Wort Jesu, auf das Angesprochenwerden, darauf, eine Stimme zu hören, der wir zu vertrauen wagen. Dabei greift Jesus den Impuls des „Fangenwollens" auf, um ihn auf den *Menschen* hin zu konzentrieren: „Menschen fischen" kann ja nichts anderes heißen, als mit ihnen in eine Kommunikation einzutreten, in der ich zugleich mich selbst als einen von ihnen finde. Paulus drückt es im ersten Brief an die Korinther so aus:

„Den Schwachen bin ich ein Schwacher geworden, um die Schwachen zu gewinnen; allen bin ich alles geworden..." (1 Kor 9, 22)

Es gibt keine rationale „Erklärung" dafür, keine einsichtigen Gründe. Es ist ein fragloses Sich-auf-den-Weg-zu-den-Menschen-geschickt-Wissen.

Eine Weg-weisung für mein Leben?

Und im Vorbeigehen sah er Levi ... am Zoll sitzen und sprach zu ihm: „Folge mir nach!"

Und er stand auf und folgte ihm nach. (Mk 2,14)

Er „sah" ihn sitzen. Es ist nicht einfach die banale optische Wahrnehmung gemeint, sondern wir dürfen fragen, was Jesus im Menschen als Sitzendem „schaut". Denn in dem kurzen Text wird besonders deutlich, wie diesem „Sitzen" das „Aufstehen" als neue Wegweisung gegenübergestellt wird. Das wird noch klarer, wenn man sieht, dass das von Markus verwendete Wort zugleich „auferstehen" heißt und zum Beispiel auch in den „Berichten" von der Auferstehung Jesu verwendet wird.

So sehr in unserem Textbeispiel das Sitzen mit der beruflichen Tätigkeit des Levi zu tun hat, so wenig ist es doch nur in diesem vordergründigen Sinne gemeint. Es geht eher darum, zu fragen, was uns „festsitzen" lässt, sodass wir unbeweglich werden und uns nur mehr oder weniger um uns selbst drehen, worauf wir sitzen bleiben, damit es uns nicht abhanden kommt. Im Gegensatz zum „Aufstehen" drückt es Unbeweglichkeit aus, Sturheit, vielleicht auch Geiz? Ist es dann Zufall, wenn es seelisch auch Niedergedrücktsein, Mut- und Kraftlosigkeit bedeutet?

Ja, es mag dieses Dasitzen Ausdruck einer Leblosigkeit sein, die Ergebnis eines tiefen Sinnlosigkeitsgefühls ist, das sich einschleicht, wenn alle innere Aufmerksamkeit durch den Beruf, das Geldverdienen, das Durchsetzen der eigenen Interessen absorbiert wird.

Sich be-rufen zu fühlen, aufzu-er-stehen, und mit diesem Ruf die Richtung zu „wissen", die das Leben einschlagen soll, um neu erfahren zu werden, das ist für „Levi" die Chance des Neubeginns. Im Aufstehen und (an die Aufgaben) Herangehen riskieren wir zwar, dass das bisher ängstlich Gehütete verloren geht. Aber der Gewinn ist um vieles größer: Im Nach-folgen auf dem Weg gewinnen wir mit der Lebensrichtung uns selbst.

Der Blick der Liebe
Und als er sich auf den Weg machte, lief jemand auf ihn zu, fiel vor ihm auf die Knie und fragte ihn: „Guter Meister, was muss ich tun, um ewiges Leben zu erlangen?"
Jesus sprach zu ihm: „Was nennst du mich gut? Nur einer ist gut: Gott allein. Die Gebote kennst du …" Er antwortete ihm: „Meister, das alles habe ich von meiner Jugend an befolgt." Da schaute Jesus ihn an, gewann ihn lieb und sprach zu ihm: „Eines fehlt dir. Geh, verkaufe alles, was du hast, und gib es den Armen, und du wirst einen Schatz im Himmel haben – und komm und folge mir nach." Bei diesem Wort überschatteten sich dessen Züge, und er ging traurig davon, denn er hatte viele Güter. (Mk 10,17–22)

Natürlich ist auch dieser Text keine Tonbandaufnahme, sondern er ist gewachsen und hat an dieser Stelle des Evangeliums wohl deshalb Eingang gefunden, weil er ein lebendiges Beispiel dafür geben sollte, wie hinderlich der Reichtum für die Nachfolge Jesu ist. Denn ab Vers 23 diskutieren die Jünger mit Jesus über dieses Thema (Mk 10,23–27).

Dennoch kann uns diese Weggeschichte noch einen weiteren Aspekt der Wegweisung des Mystagogen Jesus enthüllen, wenn wir unsere Aufmerksamkeit auf die eigentliche Begegnung auf dem Weg richten. Denn deutlicher als bisher spielt sich das Gespräch tatsächlich auf dem Wege ab: Da läuft jemand auf Jesus zu, der unterwegs ist.

Zunächst ist bemerkenswert, dass Jesus jede Ehrung zurückweist, zurückverweist auf Gott.

Es ist eine Anmaßung für den Menschen, das „Gutsein" für sich in Anspruch zu nehmen. Dieses ganze Verteilen von Prädikaten, das den anderen ja letztlich nur einnehmen soll für die eigene Perspektive, das eigene Anliegen, verhindert wirkliche Begegnung.

Wenn Gott alleine „gut" ist, dann verbietet sich nicht nur alles Moralisieren, das menschliche Begegnung kaputt macht, dann kann das, was wirklich gut ist für den Menschen, nur von Gott her empfangen werden.

Wie aber zeigt sich dieses Gut(e)? Das erfahren wir, wenn wir auf die „Schau" Jesu achten, als er diesem so gesetzestreuen Menschen begegnet:

Er schaute ihn an und gewann ihn lieb (gr.:ηγαπησεν / egápesen vom Verb αγαπαω / agapáo

Es ist die Liebe, der liebende Blick, der alles verändert. Doch was musste bei diesem geradezu vorbildlichen Menschen verändert werden? Wer kann das schon von sich sagen, dass er alle Gebote von Jugend an befolgte? Das Überraschende dieser Begegnung ist die Einsicht, dass es darum nicht geht, wenn man „das ewige Leben erlangen", also einen Sinn für sein Leben finden will. Auch der moralische Perfektionismus kann ein Gefängnis sein, aus dem nur die Liebe erlösen kann, sonst nichts. Auch das Befolgen der Gebote kann sich menschliches Habenwollen im Gewand des „Vollkommenheitsstrebens" als „Material" wählen, um das Streben des Eros, geliebt zu werden, zu befriedigen.

Der heutige Schluss des Textes legt noch etwas anderes nahe: die Frage nämlich, welcher Art wohl die „Gebotserfüllung" gewesen sein mag, wenn sich dabei die Güter anhäufen und selbst zu einer Mauer werden, die nicht mehr übersprungen werden kann?

Doch wenn wir diese dem Text wohl später zugewachsene Problematik des Reichtums ausklammern, zeigt sich uns ganz klar, was „Mystagogie" ist: In einem Blick der Liebe spüren, dass ich letztendlich nur Eines brauche, um meinem Leben einen Sinn zu geben: das „Wissen", angenommen zu sein wie ich bin, wertvoll zu sein und einmalig in den Augen dessen, der mich anschaut. Das erfuhr Jesus für sich selbst, und das gab er als Mystagoge weiter an die, die ihm auf dem Wege begegneten. Doch hier wird uns die Unverzichtbarkeit des Eros nicht nur eindringlich vor Augen geführt.

Die Begegnung zeigt zugleich, wie der Eros „erlöst" wird, indem er die Chance eröffnet, wirklich *frei* zu werden und all das abzuwerfen, was unser Herz an Dinge bindet, die uns hindern, uns ganz in Liebe hineinzugeben.

Abschied nehmen

Der Evangelist Lukas stellt für den ersten Wegabschnitt, den er Jesus mit den Jüngern von Galiläa in Richtung Jerusalem gehen lässt (vgl Lk 9,51), mehrere kurze Wegerzählungen zusammen, die er zweifellos als Beispiele für wahres Jüngersein versteht, die wohl insbesondere die Härte der Nachfolge zeigen sollen. Wir wollen sie abschließend anschauen unter der Fragestellung, wie bei Jesus Wegweisung aus dem mystischen Erfahrungsgrund heraus geschieht:

Er schickte Boten vor sich her, und sie brachen auf und kamen in ein Dorf der Samariter, um für ihn Herberge zu bereiten. Doch sie nahmen ihn nicht auf, weil er auf dem Wege nach Jerusalem war. Als die Jünger Jakobus und Johannes das sahen, sprachen sie: „Herr, willst du, dass wir sagen, Feuer soll vom Himmel fallen und sie verzehren?"

Da wandte er sich um und verwies es ihnen ... (Lk 9,52–55)

Wegweisung ist in diesem Erzählbeispiel Zurechtweisung. Die beiden Jünger wollen das, was sie für richtig und wichtig halten, notfalls mit Gewalt erzwingen. Aus ihrer Perspektive müssen die Bewohner des Dorfes für Jesus und seine Begleiter eine Unterkunft bereitstellen. Das Nein der Bewohner, also deren Perspektive, wollen sie auf keinen Fall akzeptieren. Ja, sie glauben sich gar berechtigt, ihren Wunsch mit dem Einsatz mörderischer „himmlischer" Mittel durchzusetzen.

Wird uns im Bild dieser Jünger nicht überdeutlich vor Augen geführt, was „Sünde" ist, insofern wir darunter das verstehen wollen, was die Ankunft der Basileia im Herzen des Menschen verhindert? Es ist offenbar die Verabsolutierung unserer eigenen Sichtweise, unserer Bedürfnisse, die sogar riskiert, den anderen darunter leiden zu lassen, ihn zum Opfer unserer Interessen zu machen.[83] Die Aggression als gesunde Selbstbehauptung wird zu einer tödlichen Macht, weil sie im Bannkreis des Ichs gefangen bleibt und sich nicht zu einer wirklichen Auseinandersetzung mit den anderen (und deren Sichtweisen) öffnet.

Auch ein solches Handeln ist nicht einfach als „das Böse" im Menschen zu erklären, dem er willentlich Raum gebe. Die Jünger wollen ja dem „Meister" einen Dienst erweisen, sich als „gute Jünger" zeigen. Sie wollen so ihre *Angst* überwinden, nicht gut genug zu sein wie sie sind, nicht anerkannt zu werden. Die Begierde in ihrer Doppelgestalt als Aggression und Eros zeigt sich so sehr klar. Aber die tragische Folge ist, dass sie nicht mehr offen sind für das, was „auf dem Weg" sich ereignet und was ihnen widerfahren wird. So nehmen sie Gewalt und Tod von Menschen in Kauf, um ihr Ziel zu erreichen.

Um diese Verengung des Blickfelds, das die anderen nur als „Gegner" sehen kann, aufzubrechen, bedarf es keiner langen Diskussionen oder Belehrungen. Kurz und knapp sagt der Text, dass Jesus sie zurechtweist: So geht es nicht! Ein Wort wie dieses, zur rechten Zeit gesprochen, kann zur Besinnung führen.

Auch das ist Wegweisung. Sie reißt die tödliche Blickverengung auf und macht den Weg frei, um menschlicher weiterzugehen. Drei Menschen begegnen im Anschluss an diese Szene bei Lukas dann dem „Meister", um zu erkennen, dass Neuorientierung in ihrem Leben den Abschied von tief verwurzelten Einstellungen verlangt:

> *Als sie dann des Weges weiterzogen, sagte einer zu ihm: „Ich will dir folgen, wohin du auch gehst." Da sprach Jesus zu ihm: „Die Füchse haben Höhlen und die Vögel … Nester; der Menschensohn aber hat nichts, wohin er sein Haupt legen kann." Er sprach zu einem anderen: „Folge mir nach!" Jener aber sprach: „Erlaube mir, zuerst hinzugehen und meinen Vater zu begraben." Er aber antwortete ihm: „Lass die Toten ihre Toten begraben; du aber geh und verkünde das Reich Gottes." Und ein anderer sagte: „Ich will dir nachfolgen, Herr; doch erlaube mir zuvor, von meinen Hausgenossen Abschied zu nehmen." Jesus aber sprach zu ihm: „Niemand, der seine Hand an den Pflug legt und zurückblickt, ist tauglich für das Reich Gottes." (Lk 9,57–62)*

Obwohl diese Texte deutlich nachösterlich geformt sind, dürften dennoch wesentliche Momente jesuanischer Wegweisung erhalten geblieben sein. Denn das Gemeinsame von ihnen ist nicht nur, dass offenbar keiner der „Kandidaten" in die Nachfolge eintritt, sondern vor allem die Konfrontation mit den Motiven, die hinter der Absicht stehen, mit Jesus einen Neuanfang des Weges zu wagen.

Im ersten Beispiel wird ein ICH in die Schranken gewiesen, das sich stark genug wähnt, aus einem heroischen Entschluss heraus den Schritt zu tun. Psychologisch muss man hier von übersteigertem Narzissmus und Größenwahn reden. Natürlich wurzelt auch der wieder in der Angst, sonst übersehen zu werden oder als (zu) unbedeutend oder nichts zu gelten (vor sich selbst und den anderen).

Doch Jesu Antwort ist keine psychologische Belehrung oder gar Kritik und Vorwurf, sondern die Eröffnung eines weiten Raums, der zugleich Einsicht und Weite ermöglicht: Sie weist zunächst hin auf die Ungeschütztheit des menschlichen Daseins und lässt erkennen, dass der Anstoß nicht vom eigenmächtigen Willen ausgehen kann, sondern anderswoher kommen muss. Das energische „Ich will!" wird sehr schnell die Grenzen seiner Leistungsfähigkeit spüren, wenn das Leben spielt, wie es nun einmal so spielt: unberechenbar, unplanbar, nichts an Sicherheit und Zuverlässigkeit. Aber die Schutzlosigkeit, welche die sicheren Höhlen und Nester verlässt, ist zugleich unendliche Weite, bedeutet offen zu sein für alles Mögliche. Die einzige Sicherheit ist der im Inneren verspürte Ruf, gewollt, geliebt und geschickt zu sein.

Einen anderen trifft dieser Ruf. Aber seine verinnerlichten Normen und Pflichtgefühle erlauben ihm nicht zu folgen. Für wie viele Menschen ist das der entscheidende Grund, warum ein wirklicher Neuanfang nicht gelingen kann. Die Begierde ist gezügelt, „domestiziert" durch die Pflicht. Aber natürlich nicht vollständig. Dazu ist ihre Stoßkraft zu elementar, sind die Antriebe zu stark. Deshalb braucht sie Ventile, unbewusste Aggressionen zum Beispiel, die sich mit der Pflichterfüllung verbinden. Den Vater zu begraben ist dafür ein sprechendes Beispiel: Ihn loszuwerden und unter die Erde zu bringen ist ein unbewusster aggressiver Befreiungsakt (besonders in einem patriarchalischen System). Zugleich ist das Beerdigen aber eine absolute religiöse Pflicht. Das innere „Du musst zuerst!" ist stärker

145

als der Ruf, endlich die Vergangenheit – den Vater – hinter sich zu lassen und das eigene Leben zu wagen.

Daran scheitert ja auch der Dritte, der seine Bereitschaft an die Bedingung knüpft, zuerst von seinen Hausgenossen Abschied zu nehmen. Diese „Hausgenossen" sind nicht nur Familie, Freunde und Verwandte. Es sind vor allem die im eigenen „Haus" weilenden Gestalten aus der Lebensgeschichte des Menschen: die verinnerlichten Eltern, die verehrten Autoritäten, die „eigentlich" längst verabschiedete(n) Geliebte(n), an denen das Herz aber immer noch hängt.

Und dieses Abschied-nehmen-*Wollen* ist so eine Sache für sich: Wie oft wollte ich schon? Und wie oft dachte ich, ich hätte es schon getan, aber …? Immer noch warte ich auf die *Erlaubnis, es zu tun*, weil ich unbändige Angst davor habe. Das aber heißt, weiter von Autoritäten abhängig zu bleiben und dem Ruf nicht zu vertrauen.

Es ist bemerkenswert, dass Jesus nichts erlaubt. Er ist als Mystagoge kein Guru, dem man sich blind anvertrauen soll, damit ja nichts schief gehen kann. Jesus sagt: Um Erlaubnis bitten ist ein *Zurückschauen*, nichts weiter. Die Energie bleibt an Vergangenes gebunden, und die Begierde entartet zur Sucht, die einredet: „Ohne euch (dich) kann ich nicht leben!"

Der innere Ruf muss vernommen werden, die Hand an den Pflug zu legen, der den Acker des Lebens aufreißen kann, damit er Frucht bringt. Dabei ist der Blick nach vorne gerichtet, nicht nach hinten. Will dies nicht gelingen, dann ist das Herz noch besetzt, dann kann das „Reich Gottes" noch nicht ankommen.

So lassen uns die Nachfolgetexte der Evangelien, so sehr sie auch von urchristlichen Interessen geformt sind, doch noch recht gut erkennen, in welcher Weise Jesus, der „wusste, was im Menschen ist", seine Schau dem Menschen auf dem Wege so vermittelte, dass sie zu mehr Selbsterkenntnis gelangen konnten. Nur diese Hinführung vermag verinnerlichte Verhaltensmuster aufzubrechen und in die Freiheit zu führen, die notwendig ist, um „tauglich für das Reich Gottes" zu werden. Es ist keine Belehrung im üblichen Sinn, schon gar nicht irgendeine moralische Indoktrinierung. Die Menschen finden sich vor sich selbst gestellt, um anschauen zu können, was sie bisher nicht sehen konnten und durften, weil es ihnen zu viel Angst machte.

Als entscheidende Blockade zeigte sich dabei einmal die Verengung unserer Perspektive, die uns nicht mehr offen sein lässt für das jederzeit Mögliche und die den anderen zum Opfer unserer Bedürfnisse macht. Diese Verengung erstickt aber auch den Impuls der „Verunendlichung", der dem Haben-Wollen (der Begierde) verborgen innewohnt und dessen Ziel es ist, uns an allem, was ist, teilhaben zu lassen, es so in uns einzulassen, dass es uns keine Angst mehr macht, weil es fremd ist.

Sodann aber vor allem auch das Haften an der Vergangenheit. Sie muss als ein wesentlicher Grund dafür angesehen werden, warum wir uns nicht mehr erlauben, für den Augenblick offen zu sein, sondern ängstlich darauf bedacht sind, die von uns entwickelte Lebensstrategie mit allen Mitteln durchzusetzen. So sehr die Vergangenheit, unsere bisherige Lebensgeschichte, zu uns gehört: Wir „besitzen" sie erst, wenn wir sie lassen, lassen, wie sie nun einmal geworden ist. Erst in dieser Ge-lassenheit ist sie ein Kapital, das wir für den weiteren Weg einsetzen können.

Nicht zuletzt legt Jesus aber auch den Finger auf die Ohnmacht des Willens, der sozusagen als Motor dieser (Über)Lebensstrategie uns antreibt, die Richtung des Weges mit zusammengebissenen Zähnen zu verfolgen. Das angestrengte „Ich will!" ist kein zuverlässiger Führer auf dem Weg, der stets voller Überraschungen ist. Es drosselt die Empfindlichkeit der Sinne für den Anruf, der in wirklichen menschlichen Begegnungen geschehen kann.

So besteht die Wegweisung des Mystagogen Jesus in der Aufdeckung dieser uns zunächst verborgenen Hindernisse, nicht in einer Belehrung über das Reich Gottes, oder gar über Gott und was er von uns will. Nicht ein wie auch immer geartetes Wissen vermag Begierde und die Sehnsucht nach „Transzendenz" so zu verbinden, dass wir uns eins fühlen mit uns selbst und allem, was ist, sondern nur die Offenheit für den Blick der Liebe, der uns sagt: „Komm, und lass hinter dir, was du mitschleppst und was dich nur hindert, vertrauensvoll den Weg, deinen Weg, zu gehen!"

3. 53 Die Maßstäbe der Basileia

Herrschen heißt dienen

Sich der Dinge und auch der Menschen bemächtigen wollen ist Kennzeichen des Machtstrebens, dessen Versuchung nach dem Zeugnis der Evangelien Jesus selbst ausgesetzt war (vgl. Mt 4,1–11; Lk 4,1–13). Alles beherrschen zu wollen ist danach gleichbedeutend damit, den Satan anzubeten (Mt 4,9; Lk 4,7), sodass als einziges „Gegenmittel" die Anbetung Gottes als des Herrn in Frage kommt (Mt 4,10; Lk 4, 8).

Was geschieht, wenn der Mensch mit seinem Machtstreben in den Bereich der Basileia tritt?

In den „Unterweisungen" der Jünger durch Jesus wird dieses Thema vor allem an zwei Beispielen erörtert: am Rangstreit der Jünger und der Bitte der Zebedäussöhne, in der Basileia Jesu zur Rechten und Linken sitzen zu wollen.

Nach Mk 9,34 unterhalten sich die Jünger „auf dem Weg, wer der Größte sei.", schweigen aber verschämt, als Jesus sie darauf anspricht. Dann „im Hause" lehrt er sie:

> Wenn jemand Erster sein will, sei er der Letzte aller und aller Diener. (9,35)

Diese Belehrung wird noch zeichenhaft verdeutlicht, indem Jesus ein Kind „in die Mitte stellt" und sich mit ihm identifiziert:

> Wer immer ein einziges von solchen Kindern willkommen heißt auf meinen Namen hin, heißt mich willkommen … (9,37).

Matthäus und Lukas haben gemerkt, dass der oben zitierte Satz des Markus (9, 37) nicht so recht zu der Symbolhandlung passt.

Matthäus, der übrigens die Jünger Jesus direkt fragen lässt, wer der Größte „in der Königsherrschaft der Himmel" sei, formuliert deshalb:

> *Amen, ich sage euch, wenn ihr euch nicht wendet und werdet wie die Kinder, werdet ihr nie hineinkommen in die Königsherrschaft der Himmel. Jeder nun, der sich selbst klein macht wie dieses Kind da, der ist der Größte in der Königsherrschaft der Himmel ... (Mt 18,3–4)*

Lukas, der die Frage offenbar als „satanische Versuchung" empfindet *(„Es fuhr ... eine Überlegung in sie hinein, wer wohl Größter sei von ihnen": Lk 9,46)*, hängt an den Markustext noch ein kurzes Sätzchen an:

> *„Denn wer der Kleinste unter euch allen ist, der ist groß." (9,48)*

Eines ist überdeutlich: In der Basilea gelten andere Maßstäbe als sonst.

Doch die Lösung des Machtstrebens, die in diesen kirchlich-lehrhaft formulierten Stücken vorgelegt wird, ist zunächst befremdlich: Werden hier nicht das Dienen verherrlicht und die Kinder idealisiert?

Wir müssen zunächst wahrnehmen, dass das „Erster-sein" (Mk 9,35), bzw. „Groß-(Lk 9,48) oder Größter- (Mt 18,4) -sein-Wollen" als solches nicht kritisiert wird. Es gehört zum Menschen dazu, jemand Besonderer sein zu wollen. Es geht aber darum, wie dies erreicht wird, damit es dem Menschen, seinem tiefsten Glücksverlangen, wirklich gerecht wird.

Und da zeigt sich, dass dies im Raum der Basileia durch vertrauensvolle *Hingabe* geschieht:

Nicht indem ich alles in mich hineinziehe, um es zu besitzen, wird mein Verlangen, „groß" zu sein, erfüllt, sondern indem ich völlig aus mir herausgehe, gewinne ich alles, so wie ein (kleines) Kind glücklich wird und sich wertvoll findet, wenn es sich in die Arme der Mutter und des Vaters werfen kann. Sich selber zu finden, indem wir uns an die anderen hin-geben, das ist das Geheimnis der Basileia; denn es war der Weg Jesu, wie es ein spätes Textstück frühkirchlicher Verkündigung formuliert:

Ihr wisst, dass die Regenten über die Völker von oben herab über sie herrschen, und die Großen von oben herab Gewalt über sie ausüben. Unter euch ist es nicht so: Sondern wer immer unter euch groß sein will, sei euer Diener, und wer immer unter euch Erster sein will, sei euer Knecht, wie ja der Menschensohn nicht kam, um bedient zu werden, sondern um zu dienen und sein Leben als Lösegeld für die vielen zu geben. (Mt 20,25–28)

Matthäus folgt in diesem Abschnitt im wesentlichen dem Markustext (Mk 10,42 ff.) und bringt ihn wie dieser im Anschluss an die Bitte der Zebedäussöhne Jakobus und Johannes (Mk 10,35 – 41; Mt 20,20–24), auf die wir aber für unsere Fragestellung nicht näher eingehen müssen. Es ist eindeutig, dass der oben zitierte Abschnitt ursprünglich für sich existierte, denn er passt nicht zum Vorhergehenden, und Lukas bringt ihn auch in ganz anderem Zusammenhang (Lk 22,24 ff. : Leidensgeschichte).

Um in der Basileia der „Größte" zu sein, und das heißt: der vor Gott unendlich Wichtige!, darf die aggressive Energie sich im „Herangehen" (was „aggredi" wörtlich heißt) an den anderen verausgaben, um so zu ihrer Erfüllung zu finden. Indem ich den anderen mit allen Sinnen in mich einlasse, gewinne ich Macht. Aber diese ist nicht zerstörerisch, sondern heil-sam, weil seine Freiheit unangetastet bleibt.

Die Macht der Berührung

Es scheint keine Frage zu sein, dass Jesus von seinen Zeitgenossen als „mächtig" erlebt wurde, wenn er den Menschen begegnete.

Das hält das Markusevangelium schon gleich am Anfang fest, wenn es die Augenzeugen einer Dämonenaustreibung erstaunt fragen und sagen lässt:

Was ist das? Eine neue Lehre voll Macht. Sogar den unreinen Geistern befiehlt er, und sie gehorchen ihm. (Mk 1,27)

Die genannte Stelle zeigt allerdings zugleich, dass es nicht leicht war, die eigentümliche Macht Jesu in seinen Heilungen zu verstehen. Denn offensichtlich konnte man sich „Macht" nicht anders vorstellen, als dass jemand autoritativ befiehlt und der andere (wenn auch widerwillig) gehorcht.

Und doch haben wir in den Heilungsgeschichten genug Hinweise dafür, dass es so nicht stand um Jesu Mächtigkeit. Eher empfanden es die Menschen so, dass schon die Nähe, erst recht aber die direkte Berührung Jesu heilend wirkt. Seine Kraft, so dachte man sich, fließt aus ihm aus zu den Kranken hin:

Er streckte, von Mitleid ergriffen, seine Hand aus, berührte ihn und sprach zu ihm: „Ich will, sei rein." Und sofort wich der Aussatz von ihm ... (Mk 1,41–42)

Die [blutflüssige Frau] hatte von Jesus gehört und trat nun unter der Menge von hinten hinzu und berührte seinen Mantel. Denn sie dachte: „Wenn ich nur seine Kleider berühre, werde ich geheilt werden." Und sofort versiegte die Quelle ihres Blutes, und sie spürte es an ihrem Leibe, dass sie von ihrem Leiden geheilt war. (Mk 5,27–29)

Und er nahm ihn aus der Menge beiseite, legte ihm die Finger in die Ohren und berührte seine Zunge mit Speichel ... (Mk 7,33)

Die nachösterliche Reflexion über das, was in den heilenden Begegnungen mit Jesus wirklich geschah, sah das Entscheidende in einem Zitat aus dem Propheten Jesaja ausgedrückt:

Als es Abend geworden war, brachte man viele Besessene zu ihm. Und er trieb die Geister durch sein Wort aus und heilte alle Kranken, damit das Wort des Propheten Jesaja erfüllt wurde: „Er hat unsere Leiden weggenommen und unsere Krankheiten getragen." (Mt 8,16–17)

Das aber heißt, dass Jesus die Menschen mitsamt ihren Leiden in sich eingelassen hat und nichts mehr dazwischenstand, was hätte verhindern können, dass die Nähe Gottes, die Basileia, zu spüren war.

Diese unendliche Solidarität mit den Leidenden – und welcher Mensch ist das nicht? – als „Kennzeichen" des Mächtigen, des „Königs der Juden" (Lk 23,3.38), gestaltet der Evangelist Lukas in der Szene, die er dem Sterben Jesu am Kreuz voranstellt: Einer der mitgekreuzigten „Verbrecher" bittet Jesus, seiner zu gedenken, wenn er in sein Reich komme (Lk 23,42):

Und er sprach zu ihm: „Heute noch wirst du mit mir im Paradies sein." (Lk 23,43)

Wer sich, so will diese ideale Szene sagen, der Basileia, die Jesus verkörpert, anvertraut, wird nicht irgendwann einmal „im Paradies sein", also sich selbst in der Liebe zu allem, was ist, gefunden haben, sondern im Hier und Heute, wenn er in dem „dahingegebenen" König mit dem „heidnischen" Hauptmann die wirkliche Macht zu sehen vermag, nämlich von Gott geliebt zu sein: *„Dieser war in Wahrheit Gottes Sohn!" (Mt 27,54)*

3.54 Im Überfluss haben

Die Jesuserfahrung als Erleben der Fülle

Das Bedürfnis nach Nahrung ist zweifellos nicht nur das Grundbedürfnis schlechthin, sondern hat wohl auch das Werden des Menschen im Verlauf der Geschichte des Lebens entscheidend mitbestimmt. Deshalb dürfte sich nichts so tief in menschliche Fühl-, Denk- und Verhaltensweisen eingeprägt haben wie die Sorge um Nahrung.

Menschliches Begehren ist demnach zuerst einmal *Hunger*, der gestillt werden will, weil tief im Bauch die animalische Angst vor dem Verhungern lauert. Auch wenn der Mensch nicht vom Brot allein lebt (vgl. Lk 4,4), so lebt er doch nicht ohne es. Und alle anderen Formen von Hunger, von denen wir gerne sprechen, wenn wir unsere Sehnsüchte benennen, setzen irgendwie diesen „leibhaften" Hunger und das Bedürfnis, ihn zu stillen, voraus.

Es braucht an dieser Stelle nicht all das zur Sprache gebracht werden, was die Entwicklungen und Fehlentwicklungen menschlicher Oralität angeht, angefangen von der oralen Gehemmtheit bis zu den Süchten. In der Sucht, so sahen wir ja schon, zeigt die Begierde ihre dämonische Seite, weil sie zum unentrinnbaren Gefängnis und Zwangssystem wird.

Fasten und Askese haben die religiösen Meister deshalb dem Menschen nahe gelegt, um sich aus der Begierde zu befreien. Um so auffälliger ist deshalb, dass Jesus offensichtlich einen anderen Weg einschlägt.

Haben dürfen

Fragen wir, wie Jesus mit dem Hunger umgegangen ist, dann stoßen wir auf sehr unterschiedliche Texte, die das Stichwort „hungern" aufnehmen und die Szenen ins irdische Leben Jesu versetzen. Dabei zu Jesus selbst vorzudringen, ist schwierig, weil sie die frühkirchlichen Auseinandersetzungen mit der jüdischen Fastenpraxis und dem Sabbatgebot widerspiegeln und an unserer Fragestellung nicht interessiert sind.

So ist die Bemerkung bei Matthäus und Lukas, dass Jesus in der Wüste vor den Versuchungen gefastet hat (Mt 4,2; Lk 4,2), in den Markustext eingetragen, der davon nicht spricht (Mk 1,13). Insbesondere Matthäus geht es ja darum, die jüdische Fastenpraxis auch für die Christen am Vorbild und der Weisung Jesu (vgl. Mt 6,16ff.) festzumachen.

Bemerkenswert ist die als Streitgespräch mit den Pharisäern gestaltete Erzählung, in welcher die Jünger Jesu Ähren abreißen, als sie durch die Getreidefelder ziehen (Mk 2,23-28; par; Mt 12,1-8; Lk 6,1-5). Die Antwort Jesu darin benennt ausdrücklich den Hunger als Motiv für das Tun der Jünger (Mk 2,25) und stellt

Davids Verhalten als Vorbild dafür hin, dass die Stillung dieses elementaren menschlichen Bedürfnisses wichtiger ist als heilige Zeiten und Orte:

> Habt ihr niemals gelesen, was David tat, als er Mangel litt und ihn hungerte, ihn und die mit ihm? Wie er hineinging in das Haus Gottes ... und die Schaubrote aß, die zu essen nicht erlaubt ist außer den Priestern, und auch denen gab, die mit ihm zusammen waren? (Mk 2,25–26)

Wir dürfen annehmen, dass Jesu Haltung in diesem stilisierten Gespräch richtig wiedergegeben wurde. Denn sie deckt sich der Sache nach mit dem wohl authentischen Jesuswort, das Markus an den Schluss der Erzählung stellte:

> Der Sabbat ist um des Menschen willen geworden und nicht der Mensch um des Sabbats willen. (Mk 2,27)

Der Mensch und seine elementaren Bedürfnisse, so darf man das Wort im Zusammenhang des obigen Textes verstehen, ist wichtiger als religiöse Normen, welcher Art auch immer.

Rätselhaft ist eine Notiz, die Markus nach Jesu Einzug in Jerusalem berichtet:

> (Am folgenden Tage, als sie hinausgegangen waren von Betanien), hungerte ihn.
>
> Und er sah einen Feigenbaum von weitem, der hatte Blätter, kam, ob er vielleicht etwas fände an ihm, und als er zu ihm gekommen war, fand er nichts außer Blättern. Denn die Zeit war nicht für Feigen. Und antwortend sprach er (zu) ihm: „Nie mehr in Ewigkeit möge von dir jemand eine Frucht essen!" Und es hörten seine Jünger. (Mk 11,12–14)

Schon die Evangelisten (vgl. Mt 21,18–19) wussten mit diesem eigenartigen „Fluch" über den Feigenbaum nichts anzufangen. Sie lassen den Baum verdorren (Matthäus sofort: 21,19; Markus erst später: 11,20) – also sozusagen ein negatives „Wunder" geschehen – und gestalten das Ganze zu einer Belehrung Jesu über den „bergeversetzenden Glauben" (vgl. Mk 11,23–25; Mt 21,21–22) um.

Die Kommentatoren sind verständlicherweise ebenso ratlos, ist doch offensichtlich, dass beides nicht zueinander passt. Am beliebtesten ist die Erklärung, es handle sich um eine „Zeichenhandlung" Jesu, die das Schicksal des Volkes Israel (in Anlehnung an alttestamentliche Stellen) beinhalte. Doch dass Jesus sein eigenes Volk verflucht haben sollte, ist geradezu absurd. M. E. bewahrt dieses sperrige Textstück eine Erinnerung auf, die sonst im Neuen Testament getilgt ist: Der hungernde Jesus fühlt sich im Zustand seines Hungerns von dem Baum zurückgewiesen. Er redet ihn ja direkt an wie eine Person. Dieser konnte aber um diese Zeit keine Früchte tragen. Der Wunsch Jesu (es ist bei Markus kein Fluch, eher bei Matthäus: „Nie mehr soll aus dir Frucht werden ... !": Mt 21,19)) drückt die tiefe Enttäuschung aus, dass der Hunger von der *Natur* nicht gestillt wird, weil dieser Hunger „ungleichzeitig" zu den Rhythmen der Natur ist.

Im Feigenbaum begegnet dem Menschen die Natur, die sich nicht um die Bedürfnisse des Menschen kümmert, ihm gegenüber erbarmungslos ist. Jesus „disqualifiziert" den Baum (die Natur), den Hunger des Menschen zu stillen. Sein Hunger, der Hunger des Menschen ist so groß, dass „in die Ewigkeit hinein" (εις τον αιωνα/eis ton aiona) keine Frucht des Feigenbaums ihm abhelfen kann („Nie mehr ... möge *von dir* jemand Frucht essen").

Erst die österliche Erfahrung ermöglichte es den Jüngern, die Linien auszuziehen, die hier angelegt sind: dass der Hunger des Menschen endgültig nur gestillt werden kann, wenn er mit den Früchten versorgt wird, die Jesus gibt, ja die er selbst ist.

Wir hörten schon, dass er vor allem das gemeinsame Mahl wählte, um den bisher Ausgesperrten die Nähe der Basileia erfahren zu lassen, sodass er sich den verächtlichen Vorwurf zuzog, ein Schlemmer und Säufer zu sein (vgl. Lk 7,34).

So wundert es uns auch nicht, dass die österliche Jesuserfahrung zum gemeinsamen Mahl hinführte, in dem das Gesättigtwerden als Beschenktwerden mit maßloser Fülle erlebt wurde.

Dabei wird der tiefsitzende Mangel, dem im Begehren zu essen und zu trinken abgeholfen werden soll, unterschiedlich begründet: in den Brotvermehrungserzählungen bei Markus (und Parallelen) als lebensbedrohlicher Hunger, bei Johannes als Unfähigkeit zur Freude und zur Liebe. Jedes Mal ist die Jesuserfahrung ein Beschenktwerden mit Überfülle, die weit über das Notwendige hinausgeht.

Es bleibt noch übrig

Die beiden Brotvermehrungserzählungen bei Markus lassen sich unter sehr verschiedenen Gesichtspunkten betrachten, ganz davon abgesehen, dass sie für eine historisch-kritische Exegese eine Menge Fragen aufwerfen. Ich erlaube mir, von all dem abzusehen und sie nur unter dem einen Aspekt in diesem Zusammenhang anzuschauen: als „Vision" der Jünger, in der ihnen aufging, inwiefern die Jesuserfahrung auch eine Antwort auf den Hunger des Menschen beinhaltet.

Dass die „Er-füllung" dieser tiefsten Begierde bei Markus gleich zweimal, im sechsten und achten Kapitel, geschildert wird, zeigt, welches Gewicht der Evangelist ihr beimaß, zumal er die Texte in der Mitte seiner Schrift platzierte. Dabei wirkt der zweite kürzere Text wie eine Zusammenfassung und Bekräftigung. Das kann eine Übersicht der wichtigen Sätze gut zeigen:

Aber man sah sie abfahren, und viele erfuhren davon; sie liefen zu Fuß aus allen Städten dorthin und kamen noch vor ihnen an.

Als er ausstieg und die vielen Menschen sah, hatte er Mitleid mit ihnen; denn sie waren wie Schafe, die keinen Hirten haben. Und er lehrte sie lange.

Und alle aßen und wurden satt.

Als die Jünger die Reste der Brote und auch der Fische einsammelten, wurden zwölf Körbe voll.
(Markus 6,33–34.42–43)

In jenen Tagen waren wieder einmal viele Menschen um Jesus versammelt. Da sie nichts zu essen hatten, rief er die Jünger zu sich und sagte:
Ich habe Mitleid mit diesen Menschen; sie sind schon drei Tage bei mir und haben nichts mehr zu essen.
Wenn ich sie hungrig nach Hause schicke, werden sie unterwegs zusammenbrechen; denn einige von ihnen sind von weither gekommen.

Die Leute aßen und wurden satt. Dann sammelte man die übrig gebliebenen Brotstücke ein, sieben Körbe voll.
(Markus 8,2–3.8)

Während die Situation des Menschen in Mk 6 noch im Bild von den hirtenlosen Schafen beschrieben ist, wird im zweiten Text direkt die Notlage angesprochen: die Menschen drohen aus Mangel an Nahrung „zusammenzubrechen". Das griechische Wort bedeutet wörtlich „müde werden, verzagen." In jedem Fall ist gemeint, dass die Leute am Ende ihrer Kräfte sind und ihren Weg nicht fortsetzen können.

Schafe ohne Hirten finden keine Weide, die Menschen auf ihrem (Lebens)Weg drohen vor Ermüdung umzukommen: So sieht Jesus den Zustand des Menschen, denen er begegnet. Sie haben Hunger, den sie nicht stillen können („sie hatten nichts zu essen": Mk 8,1).

Die Antwort Jesu darauf ist nicht eine Fastenkur, sondern dafür zu sorgen, dass sie satt werden. Der hier ausgesparte Text zeigt, dass dies keineswegs ohne menschliches Zutun geschieht und die „Jünger" in die Pflicht genommen werden. Doch lassen wir einmal außer Acht, in welcher Weise diese Texte das Problem aufgreifen, wie Christen auf den Hunger in der Welt reagieren sollten, eine Frage, die diese Erzählung zweifellos auch aufwirft.[84]

Unser Augenmerk gilt der Weise, in welcher der Hunger gestillt wird: Die Menschen essen sich satt, sie können nicht mehr essen, sodass die Reste eingesammelt werden müssen.

Die Gabe, die den Hunger stillen soll, schießt also gleichsam über das Ziel hinaus. Sie leidet keinerlei Einschränkungen und Abstriche. In der Überfülle der Gaben kommt der Hunger zur Ruhe.

Was ist das für ein Hunger, der nur im „Un-endlichen" gestillt werden kann? Die Texte sagen uns, dass es etwas mit der Jesuserfahrung zu tun haben muss, dass in Jesu Gottesbeziehung, in die er den Menschen hineinnehmen will, die „orale Begierde" ihre Erfüllung finden kann.

Auch das späte Johannesevangelium hat an den Anfang eine Erzählung gestellt, in der die Jesuserfahrung an ein Erleben überschäumender Fülle gebunden wird. Es ist in diesem Text über eine Hochzeit in Kana davon die Rede, dass Jesus dem Mangel an Wein dadurch abhilft, dass er eine übergroße Menge an Wasser zu Wein werden lässt (Joh 2,1–11).

Zweifellos steckt die Geschichte voller Symbolik und voller Anspielungen auf alttestamentliche Bilder und Vorstellungen, wahrscheinlich auch auf hellenistische Mysterienkulte (Dionysos!). Für den von uns gewählten Gesichtspunkt ist maßgebend, dass die orale Begierde und ihre „Ekstase" ins Unermessliche mit dem *Eros* durch die Feier der Hochzeit verbunden wird.

Die Ekstase der Liebe wird gepaart mit der der Freude. Die aber wird „körperlich" ausgedrückt durch den Genuss des „guten Weines" (2,10), der unbegrenzt zur Verfügung steht:

Am dritten Tag fand in Kana in Galiläa eine Hochzeit statt, und die Mutter Jesu war dabei.

Auch Jesus und seine Jünger waren zur Hochzeit eingeladen.

Als der Wein ausging, sagte die Mutter Jesu zu ihm: Sie haben keinen Wein mehr.

...

Es standen dort sechs steinerne Wasserkrüge, wie es der Rei-
nigungsvorschrift der Juden entsprach; jeder fasste ungefähr
hundert Liter.
Jesus sagte zu den Dienern: Füllt die Krüge mit Wasser! Und sie
füllten sie bis zum Rand.
Er sagte zu ihnen: Schöpft jetzt, und bringt es dem, der für das
Festmahl verantwortlich ist. Sie brachten es ihm.
Er kostete das Wasser, das zu Wein geworden war. Er wusste
nicht, woher der Wein kam; die Diener aber, die das Wasser ge-
schöpft hatten, wussten es. Da ließ er den Bräutigam rufen und
sagte zu ihm: Jeder setzt zuerst den guten Wein vor und erst,
wenn die Gäste zu viel getrunken haben, den weniger guten.
Du jedoch hast den guten Wein bis jetzt zurückgehalten. (Joh
2,2–3.6–10)

Unausgesprochen ist in dieser Erzählung, dass die Fülle des ge-
schenkten Weines ein Fest ohne Ende ermöglicht hätte. Wenn
der Wein als sinnlicher Ausdruck der Freude zum Fest der Liebe
gehört, dann heißt das doch, dass die Freude grenzenlos ist, die
Jesus in der Basileia begründet sieht. Während das Wasser in den
„für die Reinigung" bestimmten Krügen auf eine Gottesbeziehung hinweist, in welcher der Mensch vor Gott als „Befleck-
ter", als Schuldbeladener steht, wird dem Menschen in der
Basileia sein ängstliches Bemühen um Reinigung durch die Erfahrung einer unendlichen Freude abgenommen.

Deutlicher als in den synoptischen Evangelien wird hier am
Ende der Erzählung klar gemacht, dass es sich um eine Ostererfahrung der Jünger handelt, in der sich der Auferstandene ihnen „offenbart": das heißt, sich (und das ist gleichbedeutend mit
seiner Gottesbeziehung) als Erfüllung der Begierde nach dem
Unendlichen zeigt.[85] Solche Offenbarungserlebnisse, welche die
urchristlichen Theologen bildhaft mit Bezügen zur „Schrift" aus-
gestalteten, nennt das Johannesevangelium „Zeichen":

Diesen Anfang der Zeichen machte Jesus zu Kana in Galiläa
und offenbarte seine Herrlichkeit, und seine Jünger glaubten
an ihn (Joh 2,11).

Natürlich hat diese „Schau" ihre Grundlage in der mystischen
Schau der Basileia durch Jesus selbst, die sinnlich-leibhafte Gestalt gewann in freudigen Mahlfeiern und liebenden Beziehungen. Ihnen wollen wir uns im Folgenden zuwenden.

3.6 Liebesmystik

„Gott ist die Liebe" und „Liebe deinen Nächsten wie dich selbst"
sind Aussagen christlicher Theologie und Ethik, die den meisten
von uns schon von Kindheit an in der einen oder anderen Weise
begegnet sind. Üblicherweise versteht man sie als Teil eines dog-
matischen „Wissens" über Gott (Gotteslehre) und als Mahnung
zu einem bestimmten Handeln (Hauptgebot).

Wie hilfreich solche Formulierungen für den Menschen sind,
der seinem Leben Sinn und Halt durch Liebe geben möchte, sei
dahingestellt. In der Regel ist jemand, der ein „religiöses Eltern-
haus", Religionsunterricht und / oder kirchliche Unterweisung
durchlaufen hat, spätestens in der Pubertät in den Zwiespalt
zwischen der ihm vermittelten idealistischen Anschauung von
Liebe und dem eigenen seelisch-körperlich spürbaren Liebesverlangen geraten.

Nicht selten wird der Konflikt zwischen dem verinnerlichten
idealisierten Selbstbild („rein und selbstlos zu lieben") und dem
Erleben erotischer Anziehung und sexuellen Verlangens dadurch
„gelöst", dass Letztere als minderwertig, „tierisch" abgewertet
und / oder als dem „Willen Gottes" widersprechend zu verdrän-
gen gesucht werden. Oder aber die vermittelten Vorstellungen
von der Liebe als das Ja Gottes zum Menschen, das dieser in seiner Liebe zu den anderen mitvollzieht, wird als Illusion abge-
worfen und die Erfüllung der Liebe einzig in der Lust erstrebt.

Es liegt auf der Hand, dass beides dem Menschen nicht gerecht werden kann.

Wir hatten bereits festgestellt, dass im Neuen Testament, vor allem in den späteren Briefen, die Warnung vor der sexuellen Begierde einen breiten Raum einnimmt. Es scheint geradezu die „Sünde" schlechthin zu sein. Umso mehr drängt sich die Frage auf, ob diese „Lösung" sich auf Jesus berufen kann. Anders gefragt: Wie hat der Mystiker Jesus die Sexualität und ihre Dynamik – meist als „Trieb" bezeichnet – gewertet? Welchen Stellenwert hat sie innerhalb der Botschaft von der Basileia? Von der Beantwortung dieser Fragen wird sehr viel für die Glaubwürdigkeit des jesuanischen Lebensentwurfs abhängen. Denn wenn die Begierde in der Weise des Eros in ihm keinen Platz hat, dann wird er wenig Überzeugungskraft besitzen.

3.61 Zwischen den Zeilen

Dennoch stellen sich unserem Vorhaben große Schwierigkeiten in den Weg. Denn wir haben von vornherein damit zu rechnen, dass die kirchliche Redaktion der Evangelien unserem Anliegen keine große Aufmerksamkeit widmete, ja bewusst Überlieferungen aussparte, die dem Trend zum moralischen Rigorismus in Sachen Sexualität entgegenstanden.

Dass dies nicht ganz gelang, zeigen aber doch immerhin einige wenige Texte, die Begegnungen Jesu mit Frauen zeigen, die sich freilich zum Teil erhebliche Zusätze und Akzentverschiebungen durch die urchristlichen Theologen gefallen lassen mussten.

Mit welchen großen Schwierigkeiten ein Jesus zu kämpfen hatte, der die Tabus übertrat, die am Bild des „Meisters" hafteten, zeigt eine Notiz in der spater noch eingehender zu besprechenden Erzählung von der Samariterin am Jakobsbrunnen (Joh 4).

Der Erzähler lässt Jesus mit der Frau alleine sprechen, indem er die Jünger in der Zwischenzeit mit Einkäufen in der Stadt beschäftigt (Joh 4,8). Am Ende des Gesprächs kommen die Jünger zurück:

> *Darüber kamen seine Jünger (zurück), und sie wunderten sich, dass er mit einer Frau sprach. Keiner jedoch sagte: „Was willst du (von ihr)?" oder „Was sprichst du mit ihr?"(4,27)*

Natürlich ist es schwer zu beurteilen, ob diese Notiz ein historisches Detail aus Jesu Umgang mit Frauen festhält oder die Verwunderung der „Jünger" sich auf die erste Christengeneration bezieht. Letzteres wird jedoch nicht nur dadurch wahrscheinlicher, dass Frauen zur Begleitung Jesu gehörten (vgl. Lk 8,2–3), sondern auch durch die berichtete Scheu, Jesus zu fragen. Hier haben wir bereits ein Jesusbild vor uns, mit dem es unvereinbar ist, dass sein Verhalten Gegenstand eines „Gesprächs unter Männern" ist.

Es geht uns hier wieder nicht darum, das scheinbar unerschöpfliche Thema „Jesus und die Frauen" durch eine neue Variante zu bereichern. Unser Thema ist die Basileia und die Liebe, oder genauer: In welcher Weise wird die Kraft des Eros im „Reich Gottes" end-gültig vermenschlicht?[86]

Werfen wir zunächst einen Blick in das Markusevangelium und konzentrieren wir uns dabei auf Begegnungen Jesu mit Frauen und Kindern – denn in solchen Begegnungen will ja die Basileia Gestalt gewinnen –, dann sind es nur kleine Gesten, die uns zeigen, dass Jesus seine Zuwendung zu ihnen nicht nur verbal, sondern auch deutlich körperlich ausdrückte. Die Kraft des Eros „äußerte" sich in zärtlicher Berührung:

> *Die Schwiegermutter des Petrus lag an einem Fieber darnieder. Und gleich erzählten sie ihm von ihr. Da ging er zu ihr, nahm sie bei der Hand und richtete sie auf. (Mk 1,30–31)*

Es spricht viel dafür, dass wir in diesem kurzen Bericht am Beginn des Markusevangeliums eine der ältesten authentischen Texte der Evangelien überhaupt vor uns haben. Und er könnte

uns helfen, die Richtung zu finden, in der wir nach dem historischen Jesus suchen müssen.

Was steckt nicht in jenem kleinen Satz: „Und sie erzählten ihm
von ihr"? Was schwingt zwischen diesem „Erzählen" und Jesu
Entschluss, zu ihr zu gehen? Wie dürfen, ja müssen wir diese
„Leerstelle" ausfüllen, um Jesus wirklich näher zu kommen? Da
ist ja nicht einfach ein Arzt, der einen Krankenbesuch macht,
kurz nach den Symptomen fragt und ebenso kurz das Rezept
ausstellt. Während sie ihm von ihr erzählen, taucht Jesus ein in
ihre Welt, ihre Gefühle, besonders ihre Angst zu sterben. Ihr Bild
wird in ihm lebendig, bevor er zu ihr geht, um ihre fiebrig-heiße
Hand zu nehmen, in der seinen ruhen zu lassen und sie einfüh-
lend anzuschauen.

Kein Wort aus der Ferne, damit das „Wunder" geschehe, ohne
dass er sie auch nur zu sehen bräuchte. Wie viel Zärtlichkeit liegt
in dieser kurzen Szene![86]

Wir finden sie wieder in der „Auferweckung" der Tochter des
Synagogenvorstehers Jaïrus, wenn Jesus die Hand des Mädchens
ergreift, während er sie aufzustehen heißt (Mk 5,41), und den
Umarmungen der Kinder (Mk 9,36; 10,16). Das hat nichts mit
Pädophilie zu tun, wohl aber mit Eros, der die Sinnlichkeit der
Liebe braucht.

Aber die Kraft des Eros kommt bereits dort zum Tragen, wo –
aus der Sicht Jesu, also des Mannes – die Frau in ihrer Eigenart,
ihrer Würde wahrgenommen wird und sich die innere und äu-
ßere Aufmerksamkeit auf sie richtet:

Und er setzte sich dem Opferkasten gegenüber und sah zu, wie
die Leute Geld in den Opferkasten warfen ... Und eine arme
Witwe kam und warf zwei Heller ein ... Da rief er seine Jünger
zu sich und sprach zu ihnen: „Wahrlich, ich sage euch, diese
arme Witwe hat mehr eingeworfen als alle ... (Mk 12,41–43)

Auch hier geht es kaum um ein finanzielles Problem, sondern
darum, diese Frau, die wohl meist übersehen wird, zu *sehen* und

ihr Raum zu geben im eigenen Erleben. Denn es kostet ja Zeit, sich mit ihr zu beschäftigen.

Wo *Matthäus* Begegnungsgeschichten aus dem Markusevangelium übernimmt, da tilgt er alle Züge, die auch nur den Gedanken aufkommen ließen, dass Jesus Gefühle gegenüber Frauen oder Kindern gehabt hätte: Die Schwiegermutter des Petrus berührt er nur kurz an der Hand (Mt 8,15), das Kind stellt er als Modell des Kleinseins in die Mitte der Jünger(18,2), und bei der Segnung der Kinder kann sich Matthäus höchstens zu einer Handauflegung durchringen, zu keiner Umarmung (19,15).

Es ist der Evangelist *Lukas*, der wenigstes „einige Frauen" zusammen mit den „Zwölfen" mit Jesus zusammen sein lässt:

… Er wanderte durch Städte und Dörfer, predigte und verkündete die frohe Botschaft von der Basileia Gottes. Und die Zwölf waren mit ihm und einige Frauen, die von bösen Geistern und Krankheiten geheilt worden waren, Maria, welche Magdalene heißt, aus der sieben Dämonen ausgefahren waren, und Johanna, die Frau des Chuza, eines Verwalters des Herodes, und Susanna und viele andere, die ihnen mit ihrem Vermögen dienten. (Lk 8,1–3)

Die Notiz des Lukas legt nahe, dass die genannten Frauen ihre Heilung als Berufung erlebt hatten und deshalb bei Jesus blieben. Möglicherweise spielten die namentlich Genannten eine Rolle in den Gemeinden, an die sich Lukas mit seinem Evangelium wendet; denn „viele andere" werden nicht genannt, wohl aber, dass sie Jesus und seinen Begleitern die ökonomische Grundlage für ihre Verkündigungsarbeit lieferten.

Die Beziehung dieser Frauen zu Jesus, besonders die Maria Magdalenas, hat die Fantasie der RomanschriftstellerInnen ja immer wieder beschäftigt. Das ist verständlich, weil diese „Leerstelle" sich dazu geradezu anbietet. Aber es ist müßig, über die Liebesbeziehung zwischen Jesus und dieser Frau zu spekulieren. Der Text schweigt darüber, und die berühmte Erzählung von der Erscheinung des Auferstandenen vor Maria von Magdala, die sich bei Johannes findet (20,1.11–18), kann schwerlich als „Beweis" gelten.

Dennoch ist die Notiz des Lukas von unschätzbarem Wert. Denn alleine die Tatsache, dass Jesus Frauen bei sich duldete, widerspricht dem Verständnis des Rabbi im damaligen Judentum so sehr, dass es sich lohnt, etwas dabei zu verweilen.

Wenn man Jesus als Mensch, und das heißt hier als Mann, ernst nimmt, drängt sich die Frage geradezu auf, wie er mit den Frauen umging, mit denen er tagtäglich zu tun hatte. Wenn sie im lukanischen Text zu „Dienerinnen" gemacht werden, so bedeutet das sicher nicht, dass damit ihre Beziehung zu Jesus und umgekehrt umfassend beschrieben ist. Am nächst liegenden ist es doch anzunehmen, dass das Verhalten Jesu den Frauen gegenüber zwanglos selbstverständlich war. Sein Eros scheint sich dabei gerade nicht einer Frau ausschließlich zugewandt zu haben, sondern so „weit" gewesen zu sein, dass er verschiedenste Spielarten des Weiblichen an sich heranlassen und seine volle erotische Ausstrahlung verströmen lassen konnte.

Von besonderem Interesse ist für unsere Fragestellung aber die Bemerkung des Lukas, dass einige Frauen bei Jesus waren, „die von bösen Geistern und Krankheiten geheilt worden waren" (8,2). Wir hatten ja schon Gelegenheit, den engen Zusammenhang festzustellen, der zwischen Jesu Dämonenaustreibung und dem Kommen der Basileia besteht. Dass sich die Nähe der Basileia in erster Linie in den Begegnungen Jesu mit den Menschen zeigte, auch das ist uns inzwischen vertraut. Liegt es da so fern zu fragen, inwiefern die Heilung der *Frauen* durch die Kraft des Mannes Jesus die „Heilung" des Eros war?

Von der Selbstverschlossenheit des Menschen durch das Gefangensein in der Herrschaft des „Satans" ist seine Begierde ja wesentlich mit betroffen: Statt sich ins Unendliche zu verströmen, wird sie gestaut und „vergiftet" den Körper, der dies durch verschiedene Krankheiten zum Ausdruck bringt, und aus dem Suchen nach Glück und Erfüllung wird sie zur Sucht, zur Besessenheit. Statt dass der Eros zur Brücke für das Leben mit den anderen wird, verströmt er sich sinnlos im schmerzhaften Blutfluss (vgl. Lk 8,43) oder beugt die Frau in der Depression zur Erde, sodass sie unfähig wird, sich in Würde aufzurichten und ihr Frausein selbstbewusst zu leben:

> *Er lehrte in einer der Synagogen am Sabbat. Und siehe, da war eine Frau, die seit achtzehn Jahren einen Geist des Siechtums hatte. Sie war verkrümmt (niedergebeugt) und konnte sich überhaupt nicht aufrichten. Als Jesus sie sah, rief er sie zu sich und sprach zu ihr: „Frau, du bist erlöst von deiner Krankheit." Er legte ihr die Hände auf, und sogleich richtete sie sich auf und pries Gott. (Lk 13,10–13).*

Der Einspruch des Synagogenvorstehers gegen die Heilung am Sabbat gibt Jesus Gelegenheit, den Zustand der Frau als Ausdruck ihrer „Besessenheit" zu deuten:

> *Diese Tochter Abrahams ..., die der Satan schon achtzehn Jahre lang gebunden hielt, musste sie nicht am Tage des Sabbats von dieser Fessel gelöst werden? (13,16)*

Wie heilt Jesus den gebundenen Eros?

In der obigen Beispielgeschichte geschieht das vor allem durch die Handauflegung. In ihr lässt er gleichsam seine Kraft zu ihr hin ausströmen, sodass sie sich wieder aufrichten, das heißt, vom Krüppel zur Frau werden kann. Der Evangelist sieht Jesus von diesem Eros geradezu getrieben, heilend auf die Menschen zuzugehen: *Die Kraft des Herrn drängte ihn zum Heilen (δυναμις κυριου ην εις το ιασθαι αυτον: Lk 5,17).*

Was bei Lukas theologisch gedeutet wird („Kraft des Herrn"), ist für den Mann Jesus seine erotische „Dynamik", der zu begegnen den Frauen Heilung versprach.

So ist es auch zu verstehen, dass die blutflüssige Frau Jesus zu berühren sucht, um ihrem Leiden ein Ende zu setzen (Lk 8,44). Umso aufschlussreicher ist Jesu Reaktion darauf: Er will eine *Begegnung* mit dieser Frau, damit ihr Eros zur Kraft wird, sich vor den anderen selbstbewusst zu zeigen und sich nicht mehr zu verstecken:

Jesus sprach: „Es hat mich jemand berührt; denn ich merkte, dass eine Kraft von mir ausging." Als aber die Frau sah, dass sie nicht verborgen blieb, kam sie zitternd herbei, fiel vor ihm nieder und bekannte vor allem Volke, weshalb sie ihn angerührt habe und wie sie sofort geheilt worden sei. Er aber sprach zu ihr: „Tochter, dein Glaube hat dir Heilung gebracht; gehe hin in Frieden!" (Lk 8,46–48)

Im Raum der Basileia, so können wir sagen, wird der Eros aus seiner Enge (Angst!) befreit und kann so strömen, dass er zur Quelle der Lust im menschlichen Miteinander wird. Der sexuelle Trieb wird nicht mehr selbst-süchtig isoliert und damit lebensfeindlich, sondern er wird zur Kraft, die zu *heilenden Begegnungen* treibt. Dies hat Lukas nun in einer seiner eindrücklichsten Geschichten verdeutlicht: der Erzählung vom Besuch der „Sünderin" beim Gastmahl eines Pharisäers: Lk 7,36–50 (36–39.44–46.50)

3. 62 Der befreite Eros ist Liebe

Es bat ihn aber ein Pharisäer, bei ihm zu essen. Er ging in das Haus des Pharisäers und setzte sich zu Tische. Da erfuhr eine Frau, die in der Stadt eine Sünderin war, dass er im Hause des Pharisäers zu Tische liege; sie brachte ein Alabastergefäß mit Salböl, trat weinend von hinten an seine Füße heran und begann mit ihren Tränen seine Füße zu benetzen und trocknete sie mit den Haaren ihres Hauptes, küsste seine Füße und salbte sie mit dem Salböl.

Als nun der Pharisäer, der ihn geladen hatte, das sah, sagte er bei sich selbst: „Wenn der ein Prophet wäre, so würde er doch wissen, wer und was das für eine Frau ist, die ihn berührt, sie ist ja eine Sünderin." ...

Sich zu der Frau hinwendend sprach Jesus zu Simon: „Siehst du diese Frau? Ich kam in dein Haus: Wasser für die Füße hast du mir nicht gegeben; diese aber hat mit ihren Tränen meine Füße benetzt und mit ihren Haaren getrocknet. Einen Kuss hast du mir nicht gegeben; diese aber hat, seitdem sie eingetreten ist, nicht aufgehört, meine Füße zu küssen. Mit Öl hast du mein Haupt nicht gesalbt; sie aber hat mit Salböl meine Füße gesalbt.“

Er aber sprach zu der Frau: „Dein Glaube hat dich gerettet, geh hin in Frieden!“ (Lk 7,36–39.44–46.50)

Mit Sicherheit hat der Text einen Zusatz in den Versen 47 bis 49 erfahren (Deshalb sage ich dir: Ihre vielen Sünden sind vergeben …) Wir besprachen bereits, dass Jesus keine Sünden vergeben hat. Vorlage für diese Verse ist Mk 2,5–10.

Das Thema der Sündenvergebung steht aber auch hinter dem Gleichnis, das Jesus dem Simon als erste Reaktion auf dessen „Selbstgespräch“ vorträgt, sodass auch diese Verse (40–43) eher kirchliche Redaktion sind. Gedankenlesen konnte ja nur der Erzähler (Vers 39!), der natürlich Jesus zugleich diese Fähigkeit zuschreibt, indem er ihn auf den unausgesprochenen Vorwurf antworten lässt (40–43). Ursprünglich mag hier einfach festgehalten worden sein, dass der Pharisäer über das Tun der Frau unwillig oder verärgert reagierte.

Es sind vor allem zwei Szenen, die unsere Aufmerksamkeit beanspruchen dürfen: Einmal das Tun der Frau (VV. 37–38), und sodann der zweite Teil des Gesprächs Jesu mit seinem Gastgeber (VV. 44–47).

Dass es sich bei dem Tun der Frau um eine eindeutige erotische Szene handelt, bedarf keiner ausführlichen Begründung. Der Fuß ersetzt den Penis, sodass die liebevoll-zärtliche Behandlung eigentlich ihm gilt. Dass diese „Verschiebung“ im Rahmen menschlichen Sexualverhaltens nichts Ungewöhnliches ist, zeigt der Fußfetischismus, bei dem die Liebkosung des Fußes eines

Partners / einer Partnerin sexuelle Gefühle bis hin zum Orgasmus weckt.[88]

Die Liebe, welche die Frau Jesus zuteil werden lässt, hat also eindeutig sexuellen Charakter.

Ihre Liebesbezeugung ist geradezu überschwänglich: Sie benetzt die Füße mit Tränen, trocknet sie mit ihren Haaren, dem deutlichen Ausdruck ihrer Weiblichkeit, sie küsst die Füße und salbt sie. Ihre Lippen, die sich auf die Haut der Füße pressen, ersetzen ihre Schamlippen, sodass sie zur vollen Vereinigung mit dem Mann Jesus gelangt. Die Manipulation der Füße durch das Einreiben mit Öl will ihm intensive Lust bereiten.

Diese Szene ist im ganzen Neuen Testament einmalig, und die Kommentatoren haben so ihre Zweifel, ob sie historisch ist. Aber das spielt keine große Rolle. Es reicht, dass der Erzähler dieser Begebenheit Jesus zutraut, solche Liebe anzunehmen, die sich in massivster Sinnlichkeit über ihn breitet.

Dass Jesus den Eros nicht nur „sublimiert" als „Agape", als idealisierte Form der Liebe, akzeptiert, sondern will, dass er sich sinnlich ausdrücken darf, zeigt auch das Gespräch, das sich zwischen Jesus und dem Pharisäer Simon entwickelt. Denn in ihm macht er ihm nicht nur bewusst, dass niemand schuldlos ist und jeder das Geschenk der Vergebung braucht, sondern auch, dass Simon Jesus die sinnlich-leibhafte Begegnung verweigert hat:

Wasser für die Füße hast du mir nicht gegeben ... Einen Kuss hast du mir nicht gegeben ... Mit Öl hast du mein Haupt nicht gesalbt..." (7,44–46)

All das, was die Frau ihm tat, und zwar in gesteigerter Form *(„diese aber hat mit ihren Tränen meine Füße benetzt und mit ihren Haaren getrocknet;...diese aber hat, seitdem sie eingetreten ist,* nicht aufgehört, *meine Füße zu küssen;...sie aber hat mit Salböl meine Füße gesalbt...")*

ließ Simon vermissen, unfähig, dem Eros unter Männern einen ehrlichen Ausdruck zu geben.

Simon hält sich heraus. Er tritt nicht ein in den Raum der Basileia, den Jesus eröffnet und der es erlaubt, ganz (heil) zu sein, mit allen Sinnen, mit Körper und Seele, mit den stärksten Gefühlen und nicht endenden (vgl. Vers 45: „sie hat nicht aufgehört …") Ausdruckshandlungen.

Die Frau aber, die es wagt, in das Haus des Pharisäers zu gehen, hat offensichtlich das Vertrauen, dass sie durch den Kontakt zu Jesus gleichsam in den Zauberkreis einer Liebe tritt, in dem sie sich verströmen kann, ohne – wie sie es wohl sonst mit Männern gewohnt war – gedemütigt und verachtet zu werden. So wird ihre Liebe zugleich befreit und geheilt.

Es ist ihr, als werde sie in diesem Raum der Basileia unangreifbar und unverletzbar, wie umgeben mit einer unsichtbaren Hülle der Geborgenheit.

Die kirchliche Redaktion konnte diese Erzählung wohl nur deshalb aufnehmen und weitergeben, weil sie daraus eine „Sündenvergebung" machte und das Tun der Frau als Ausdruck ihrer Reue („Tränen": 7,38) interpretierte. Aber die ursprüngliche Intention scheint doch noch deutlich genug durch, vor allem durch das Gespräch Jesu mit Simon über das Thema „Begegnung und Zärtlichkeit".

Es wäre jedoch zu kurz gegriffen, wenn man Jesu Freiheit gegenüber den damals geltenden Konventionen und religiös begründeten Tabus nur als „psychische Integrität" oder so ähnlich erklären würde, in dem Sinn, dass er eben ein „ganzer Mann" gewesen sei.[89]

Ich denke, dass Jesus bei aller Hochschätzung seiner Fähigkeiten allein aus menschlicher Kraft dazu nicht im Stande gewesen wäre. Nur wenn wir gerade an dieser Stelle Jesus als den Mystiker ernst nehmen, werden uns der Mut der Frau und das Verhalten Jesu „erklärlich": Im Raum der Basileia lösen sich Angst und Verklemmungen, fallen unmenschliche Grenzziehungen und Verbote weg, sodass der Mensch wieder ein Liebender im Vollsinn werden darf. Aus seiner Schau „weiß" Jesus, dass der

Mensch, aus den Fesseln des „Satans" befreit, in der Tiefe seines Herzens und jeder Faser seines Körpers ein Liebender ist und nur als Geliebter ein menschenwürdiges Dasein führen kann. Und so öffnet er in seiner Person und seinem Umgang mit den ihm Begegnenden das Herz zu einer Liebesbewegung, die erst in einer Wirklichkeit „zur Ruhe" kommt, die das eigene Dasein als gewollt, aus Liebe geschenkt begründet.

Und diese Wirklichkeit nennt Jesus seinen *Vater*. Ihn will er in seinem Dasein für die Menschen präsent machen, damit sie wieder hoffen, vertrauen und lieben können.[90]

Der letzte Vers der Erzählung zeigt ja noch einmal recht deutlich, dass es bei der Begegnung Jesu mit der Frau nicht um Sündenvergebung, sondern um Befreiung aus Fesseln und Zwängen geht, damit sie innerlich zum Frieden mit sich selbst kommen kann:

> *Er sprach zu der Frau: „Dein Glaube hat dich gerettet, geh hin in Frieden!" (7,50)*

Der „Glaube" ist hier zweifellos ihr geradezu unerhörtes Vertrauen, dass Jesus sie nicht zurückstoßen, sondern sie annehmen wird, wie sie ist. Das griechische Verb σῶζω/sózo (erhalten, retten, schützen) hat eine breite Bedeutungspalette, die als Grundbedeutung „am Leben erhalten" hat.

Wenn der innere Frieden aber dadurch zu Stande kommt, dass die Frau „errettet" wird, dann geht es nicht um Sündenvergebung, sondern um Befreiung aus einer Lebensgefahr, in der sie sich befand.

Es ist der Teufelskreis von Selbstverachtung und demütigendem Betteln um Anerkennung bei anderen mit allen Mitteln, auch mit der Preisgabe des eigenen Körpers.

Aber so kann sie ihren Weg nicht finden. Es braucht das Bei-sich-sein-Können, um sich tapfer auf den Weg zu machen: *„Geh hin in Frieden!"*

Das Schweigen der Zweisamkeit

Eng verwandt mit der heutigen Fassung der Erzählung in Lukas 7,36–50 ist eine Geschichte, die sich im achten Kapitel des *Johannesevangeliums* findet (Joh 8, 2–11). Sie wollen wir abschließend noch zu Rate ziehen. Der Text stammt sicher nicht von Johannes und fehlt in den ältesten Handschriften. Manche Exegeten schreiben ihn Lukas zu.

Die Handlung ist schnell bis zu dem Punkt erzählt, an dem die Erzählung zu ihrem Höhepunkt findet: Jesus lehrt im Tempel, und die Schriftgelehrten und Pharisäer schleppen eine Frau herbei, die beim Ehebruch ertappt worden war. Sie berufen sich auf das Gesetz, das die Steinigung befiehlt, und fragen Jesus, was er dazu sage.

> *Jesus aber bückt sich und schreibt mit dem Finger auf die Erde. Als sie hartnäckig weiterfragen, sagt er zu ihnen:„Wer von euch ohne Sünde ist, werfe den ersten Stein auf sie."* (8,6b–7)

Jesus lässt die Anklage „im Sande verlaufen", bis er mit der Frau alleine ist.

Der Satz, der in seiner Einfachheit doch eine unglaubliche erotische Spannung enthält, die den Leser fasziniert, lautet:

> *Und er blieb alleine zurück und die Frau, die in der Mitte war (8,9b).*

Aber diese Zweisamkeit war nur möglich, weil von Jesus vorher das eherne *Gesetz* außer Kraft gesetzt wurde, das den sicheren Tod der Frau bedeutet hätte.

Das aber ist psychologisch meisterhaft erzählt: Statt den Fragern zu antworten, schreibt Jesus schweigend in den Sand. Da sie die Geste nicht deuten können, beharren sie auf ihrer Frage so lange, bis Jesus diese Geste in Worte fasst:

„Wer ohne Sünde ist von euch, der werfe als Erster einen Stein auf sie."

Das heißt doch nichts anderes als: „Wenn ihr das *Gesetz* wirklich konsequent anwenden wollt, dann müssen *alle*, die hier sind, gesteinigt werden. Denn niemand von euch wird doch im Ernst behaupten, das Gesetz vollkommen zu erfüllen. Führt ihr damit aber nicht selbst das Gesetz ad absurdum?" Und dann fährt Jesus fort, in den Sand zu schreiben, schweigend wie zuvor.

Was hier zur Debatte steht, ist die Frage, wie die sexuelle Begierde „kultiviert", also vermenschlicht werden kann. Die Schriftgelehrten tragen vehement die Lösung vor, welche die Tradition seit undenkbaren Zeiten bereitstellte: Verbot und Bestrafung, deklariert als „Wille Gottes". Es ist die Lösung, welche ja auch die Kirche sehr bald wieder aufgriff, wenn sie die sexuelle Begierde als *die* Sünde brandmarkte. Dass Gott gerade gegenüber der Sünde der „Unkeuschheit", deren Gipfelpunkt der Ehebruch ist, eine besondere Abscheu empfinde, das hat die kirchliche Unterweisung jahrhundertelang den Menschen eingeimpft und sich nicht gescheut, die Steinigung zu vollziehen: seelisch, aber auch real mithilfe des staatlichen Arms, dessen sie sich nur allzu gerne bediente.

Die Folgen dieser „Lösung" sind bekannt: Sie zwingt zur Verdrängung und Verleugnung, besonders aber zur Projektion. Jetzt konnten die „Braven" mit ausgestrecktem Finger auf die SünderInnen zeigen und entrüstet Steine werfen. Die Bestrafung der Sündigen, die ja dann zuweilen auch die „mildere" Form der Auspeitschung annahm, wurde zudem eine erregende Ersatzbefriedigung, da die Schuldigen noch zusätzlich durch die Entblößung der „schuldigen Körperteile" beschämt werden sollten.

Was aber geschieht, wenn eine Frau, die ihr Liebesverlangen in die Arme eines anderen Mannes getrieben hatte, zusammen mit den „Gerechten" als Anklägern in das „Reich Gottes" gelangte, das Jesus als Lebensraum umgab?

Dies und nichts anderes beantwortet die Erzählung in Joh 8. Die selbstgerechten Ankläger verstehen nicht, dass Jesus das Gesetz neu schrieb: Nicht mehr auf steinerne Tafeln, wie es von Mose in der Schrift berichtet wird, sondern in den Sand, für den Augenblick nämlich, für die jetzt so nie wiederkehrende Situation. Der Wind konnte das Geschriebene im nächsten Moment verwehen; die Schritte der Menschen, die ihren Weg weitergingen, löschten die Schriftzüge aus, als wären sie nie gewesen.

Das alles verstanden die „Gerechten" nicht, wohl aber, dass sie keinen Platz mehr hatten im Umkreis Jesu und weggehen mussten, solange sie im Herzen an ihrer „Gesetzesfrömmigkeit" festhielten. Es ist im Text nicht die Rede davon, dass sie beschämt weggingen oder in sich gegangen wären. Denn dann hätten sie bleiben können. Es war ihnen durch Jesu Worte lediglich „der Schneid abgekauft", vor seinen Augen die Hinrichtung zu vollziehen.

Zurück bleibt die Frau, die sich plötzlich alleine mit Jesus wusste.

Wir können nur ahnen, mit welchen Gefühlen sie auf den Mann blickte, der noch zur Erde gebückt mit dem Finger das „neue Gesetz" schrieb. Nun richtet er sich auf, schaut die Frau an und fragt:

„Frau, wo sind sie? Hat dich keiner verurteilt?"

O doch, er weiß es ja ganz genau, dass sie alle weggingen und keinen Schuldspruch mehr aussprechen konnten!

Aber seine Fragen machen der Frau erst so recht bewusst, was geschehen war. Sie musste ja zunächst einmal wahrnehmen, dass sie gerettet ist, musste sich aus ihrer Erstarrung der *Angst* allmählich lösen. Jesu Blick und Worte ermöglichen ihr das. In den sich endlos dehnenden Augenblicken, da die Frau mit Jesus allein ist, liegt die Revolution der Liebe beschlossen, die Jesus und die Basileia bringen: Nicht durch das Gesetz und seine drakonischen Strafandrohungen wird die Begierde menschlich, sondern indem sie als Suchbewegung begriffen wird, sich als Frau (Mann) zu bejahen, die für ihr volles Menschsein, ihr Glück, auf den anderen angewiesen ist. Im Blick auf Jesus, den urteilslos Verstehenden, wird der Frau eine Möglichkeit angeboten, sexuelles Verlangen und Sehnsucht nach unendlichem Geliebtwerden zu einer Einheit zu verbinden, weil sie so, wie sie dasteht „in der Mitte" nicht Objekt urteilender Blicke, sondern

„rundum" sie selbst wird: *Frau*. So redet sie Jesus an (8,10), als er das Schweigen der Zweisamkeit ins Wort bringt.

Schade, dass auch bei dieser Erzählung die kirchliche Redaktion es nicht unterlassen konnte, sie durch Anfügung der Aufforderung, nicht mehr zu sündigen (8,11), „hoffähig" zu machen.

3. 63 Erlöste Liebe

Im vierten Kapitel des Johannesevangeliums finden wir eine lange Erzählung (Joh 4, 5–42), die üblicherweise in den Ausgaben des Neuen Testaments in etwa so überschrieben wird: „Der Samariterin wird der Erlöser geoffenbart." Tatsächlich haben wir es auf weite Strecken mit einem Gespräch Jesu mit einer samaritanischen Frau zu tun, das damit endet, dass Jesus ihr sagt, dass er der erwartete Messias sei.

Der uns heute vorliegende Text ist vielschichtig und gibt den AuslegerInnen manche Fragen auf.

So hat er neben der Bildrede Jesu, in der er sich als das lebendige Wasser bezeichnet, sicher auch die Mission unter den Samaritern und deren von den Juden und Christen sich unterscheidenden Gottesvorstellungen zum Thema. Doch das braucht uns hier nicht zu interessieren.

Suchen wir deshalb die Erzählung auf die Begegnung Jesu mit der Frau zu konzentrieren, und zwar näherhin auf die Elemente, in der es um die Frau und ihr reales Leben geht, um ihr Gebundensein und ihre Erlösung. Dann ergibt sich etwa folgende Geschichte:

Er musste aber den Weg durch Samarien nehmen.

So kam er zu einem Ort in Samarien, der Sychar hieß und nahe bei dem Grundstück lag, das Jakob seinem Sohn Josef vermacht hatte.

Dort befand sich der Jakobsbrunnen. Jesus war müde von der Reise und setzte sich daher an den Brunnen; es war um die sechste Stunde.

Da kam eine samaritische Frau, um Wasser zu schöpfen. Jesus sagte zu ihr: Gib mir zu trinken!

Die samaritische Frau sagte zu ihm: Wie kannst du als Jude mich, eine Samariterin, um Wasser bitten? Die Juden verkehren nämlich nicht mit den Samaritern.

Jesus antwortete ihr: Wenn du wüsstest, worin die Gabe Gottes besteht und wer es ist, der zu dir sagt: Gib mir zu trinken!, dann hättest du ihn gebeten, und er hätte dir lebendiges Wasser gegeben.

Sie sagte zu ihm: Herr, du hast kein Schöpfgefäß, und der Brunnen ist tief; woher hast du also das lebendige Wasser?

Bist du etwa größer als unser Vater Jakob, der uns den Brunnen gegeben und selbst daraus getrunken hat, wie seine Söhne und seine Herden?

Jesus antwortete ihr: Wer von diesem Wasser trinkt, wird wieder Durst bekommen;

wer aber von dem Wasser trinkt, das ich ihm geben werde, wird niemals mehr Durst haben; vielmehr wird das Wasser, das ich ihm gebe, in ihm zur sprudelnden Quelle werden, deren Wasser ewiges Leben schenkt.

Da sagte die Frau zu ihm: Herr, gib mir dieses Wasser, damit ich keinen Durst mehr habe und nicht mehr hierher kommen muss, um Wasser zu schöpfen.

Er sagte zu ihr: Geh, ruf deinen Mann, und komm wieder her! Die Frau antwortete: Ich habe keinen Mann. Jesus sagte zu ihr: Du hast richtig gesagt: Ich habe keinen Mann.

Denn fünf Männer hast du gehabt, und der, den du jetzt hast, ist nicht dein Mann. Damit hast du die Wahrheit gesagt.

Die Frau sagte zu ihm: Herr, ich sehe, dass du ein Prophet bist.

…

Die Frau sagte zu ihm: Ich weiß, dass der Messias kommt, das
ist: der Gesalbte (Christus). Wenn er kommt, wird er uns alles
verkünden.
Da sagte Jesus zu ihr: Ich bin es, ich, der mit dir spricht.
…
Da ließ die Frau ihren Wasserkrug stehen, eilte in den Ort und
sagte zu den Leuten:
Kommt her, seht, da ist ein Mann, der mir alles gesagt hat, was
ich getan habe: Ist er vielleicht der Messias?
(4,4–7.9–19.25–26.28–29)

Für unsere Auslegung ist der Anfang der Erzählung von entscheidender Bedeutung. Er nennt ausdrücklich den „Brunnen Jakobs" als Ort dieser Begegnung. Der Brunnen aber ist in den Patriarchenerzählungen des Alten Testaments der Ort der *Brautwerbung.*

Es sei erlaubt, einen Text aus dem 24. Kapitel des Buches Genesis hier in den wichtigsten Passagen wiederzugeben, der es dem Leser erlaubt, selbst die deutliche Parallele zum johanneischen zu entdecken:

Er (nämlich der Knecht Abrahams, der für Isaak eine Braut
sucht) ließ die Kamele außerhalb der Stadt an einem Brunnen
lagern. Es war gegen Abend um die Zeit, da die Frauen zum
Wasserschöpfen herauskommen … (Es folgt ein Gebet des
Knechtes an Jahwe, er möge „es glücklich fügen". Zugleich
legt er als Erkennungszeichen für sich fest, dass das Mädchen
ihm zu trinken gibt) …
Kaum hatte er aufgehört zu sprechen, da kam auch schon aus
der Stadt Rebekka mit dem Krug auf der Schulter. Sie war dem
Betuël geboren worden, dem Sohn der Milka, die die Frau
Nahors, des Bruders Abrahams, war.
Das Mädchen war sehr schön, und sie war ledig; noch kein
Mann hatte sie erkannt. Sie stieg zur Quelle hinab, füllte ihren
Krug und kam wieder herauf.

Da ging der Knecht schnell auf sie zu und sagte: Lass mich ein
wenig Wasser aus deinem Krug trinken!
Trink nur, mein Herr!, antwortete sie, ließ geschwind den Krug
auf ihre Hand herab und gab ihm zu trinken.

Sehr leicht erkennt man, dass wir in Joh 4 das Gegenstück zu der
Szene in Gen 24 vor uns haben: eine missglückte „Brautwerbung". Jesus wird von der Samariterin abgewiesen, als er sie bittet, ihm zu trinken zu geben. Was stellt sich der Beziehung zu
Jesus in den Weg? Nun, es ist das verinnerlichte Vorurteil, das
hier an der Zugehörigkeit zu den Samaritern oder den Juden fest-
gemacht wird. Wie viele Vorurteile verhindern im menschlichen
Miteinander, dass wirkliche Beziehung zustande kommt?

Doch ist damit noch nicht der tiefere Grund benannt, der die
Frau hindert, in eine Beziehung zu Jesus zu treten. Der wird erst
in der Antwort Jesu auf die entrüstete Frage der Frau (4,9: „Wie
kannst du ... von mir zu trinken verlangen?") klar:

Sie kennt nicht die „Gabe Gottes" und „wer der ist", der die
Bitte ausspricht, um eine Liebesbeziehung zu knüpfen (4,10).
Die „Gabe Gottes" ist somit eng an die Gegenwart der Person
gebunden, die als der Jude Jesus vor der Frau steht. Das heißt,
die Frau ist noch unfähig, *in dieser Begegnung* am Brunnen ein
Geschenk Gottes zu erleben. Denn sonst würde sie spüren, dass
sie es sein muss, die um Leben, symbolisiert im Wasser, bittet.

Weil das so ist, bleibt für die Frau auch zunächst noch rätselhaft, was Jesus über das „lebendige Wasser" sagt, das sich so
wesentlich von dem unterscheidet, welches aus der Tiefe des
Brunnens geholt werden kann. Das Trinken des Brunnenwas-
sers mag den Durst löschen, der so elementar unsere Bedürftig-
keit anzeigt und den zu stillen uns die orale Begierde treibt.
Ist es ein Wunder, dass die Frau Jesu Versprechen, das von ihm
kommende Wasser werde den, der davon trinkt, „in Ewigkeit"
nicht mehr dürsten lassen (4,14), als Chance auffasst, die orale
Begierde – konzentriert im *Durst* – endgültig loszuwerden, um

sich die Mühsal, ihn (durch den wiederholten Gang zum Brunnen) zu stillen, sparen zu können?

Wie kommt das Verlangen, das ins Unendliche reicht, zur Ruhe? Das ist auch das Thema der Begegnung Jesu mit der Frau aus Sychar (4,5), und es wird zu Anfang gleich in seiner elementarsten Form, dem Durst, verhandelt. Er kann ja in besonders eindrucksvoller Weise uns bewusst machen, wie sehr wir zur Stillung unseres Verlangens ins Unendliche getrieben werden. „Das Furchtbare ist, dass man sich nie genügend betrinken kann", schreibt André Gide in seinem Tagebuch.[91]

Aber es weist alles darauf hin, dass diesem Verlangen noch ein anderes zu Grunde liegt (im wahrsten Sinne des Wortes!), nämlich das, lieben zu können. Der Frau ist es noch nicht bewusst, dass sie darunter leidet, zur Liebe unfähig zu sein. Und so müssen ihr auch Jesu Worte vorerst ein Rätsel bleiben, dass das von ihm geschenkte Wasser *in denen*, die davon trinken, zu einer Quelle von Wasser wird, „das ins ewige Leben sprudelt" (4,14).

Und doch sagt dieses eindrückliche Bildwort nichts anderes, als dass die Begegnung mit Jesus *im* Menschen eine Lebenskraft freisetzt, die sich nicht einfach der Dinge und Menschen um ihn herum bemächtigt, sondern ihnen unendlichen, „ewigen" Wert verleiht. Diese Kraft kann nur die *Liebe* sein. In ihr hört der Durst auf, der begierig zu dem treibt, was wir uns einverleiben können, um doch so bald feststellen zu müssen, dass es nie genug ist.

Wenn wir uns das vor Augen führen, dann ist die scheinbar so unmotivierte Wende im Gespräch Jesu mit der Frau nicht mehr so überraschend.:

Da sagte die Frau zu ihm: „Herr, gib mir dieses Wasser, damit ich keinen Durst mehr bekomme und nicht mehr hierher zu kommen brauche, um zu schöpfen."

Er sagt zu ihr: „Geh, ruf deinen Mann und komm hierher (zurück)" (4,15–16).

Damit ihr tiefstes Verlangen erfüllt wird, muss die Frau von Jesus mit ihrer Liebesunfähigkeit konfrontiert werden, sonst gibt es keinen Fortschritt, sich selbst als Antwort auf die Gabe Gottes zu begreifen:

Die Frau antwortete: „Ich habe keinen Mann." Jesus sprach zu ihr: „Du hast richtig gesagt: Ich habe keinen Mann. Denn fünf Männer hast du gehabt, und der, den du jetzt hast, ist nicht dein Mann. Da hast du die Wahrheit gesagt." (4,17–18)

Die „Gabe Gottes", die Begegnung mit Jesus, führt die Frau dazu, die Wahrheit ihres Lebens anzuschauen: Immer wieder von der Liebe enttäuscht zu werden, die sie mit Männern sucht, die sie zuerst begehrt, um bald festzustellen, dass es das wieder nicht ist, was sie will.

Aber wie soll man das ausdrücken, was in einer solchen Begegnung geschieht, die Liebe so „rüberfließen" lässt, dass man es wagt, sich in seiner erbärmlichen Liebesunfähigkeit anzuschauen? Das Wichtigste steht in einer Textlücke zwischen den Versen 18 und 19:

Jesus schaut die Frau nur an, er sagt nichts mehr. Kein Vorwurf oder Tadel ist von ihm zu hören. Sie weiß sich, so wie sie ist, angenommen. Und nach einer langen Pause, in der für sie dieses Erlebnis zu einer tiefen Erfahrung wird, antwortet sie:

Herr, ich sehe, dass du ein Prophet bist … " (4,19)

Sie fasst das, was sie jetzt „sieht", erfährt (auch das kann das griechische Wort ϑεωρεω/theoro bedeuten), in dem Wort „Prophet" zusammen. In der Welt, in der sie aufwuchs und geistig beheimatet ist, trägt dieses Wort offenbar Bedeutungen, die das Außergewöhnliche ihres Erlebens ausdrücken können. Lässt man den langen theologischen Disput weg, der sich im heutigen Text an dieses Stichwort anschließt (VV. 20–24), dann ist diese Erfahrung für die Frau zuerst einmal ein Anker der *Hoffnung*:

(Die Frau sagt zu ihm:) „Ich weiß, dass der Messias kommt … Wenn er kommt, wird er uns alles verkünden." (4,25)

Wenn der Messias kommt, wird alles Leid, alle bittere Enttäuschung ein Ende haben. Er wird befreien von allen Fesseln, außen und innen.

Aber die Frau kann die Zusage Jesu, dass er selbst es ist, der da mit ihr redet (4, 26), noch nicht annehmen. Das zeigt sich wenig später, wenn sie den Krug am Brunnen stehen lässt und zu den Leuten in der Stadt läuft, um ihnen zu sagen:

Kommt, seht einen Mann, der mir alles gesagt hat, was ich getan habe. Ob dieser vielleicht der Messias ist? (4,29)

Dies also ist die zweite sie so tief beeindruckende Erfahrung, dass da jemand ist, der sie ganz „durchschaut" hat, aber eben nicht in der üblichen Weise, die eher demütigt, sondern als jemand, der „der Messias", also der Wendepunkt allen Elends sein könnte. Ist mehr nicht möglich in dieser Liebesbegegnung?

Was jetzt im Text noch folgt (4,30–42), entfernt sich vom Schicksal der Frau und nimmt die Missionsarbeit der Urkirche in Samaria in den Blick, sodass sich die LeserInnen ihrer eigenen Intuition überlassen müssen, um die Lücke zu schließen.

Denn wenn nach Joh 4,39 „viele von den Samaritern an ihn (sc. Jesus als Messias) auf das Wort der Frau hin" glauben, dürfen wir annehmen, dass auch für die Frau die Frage nicht das Ende der Begegnung mit Jesus war.

Nein, diese ging weiter:

Sie hatte den Krug stehen gelassen, war in die Stadt gelaufen und erzählte den Leuten auf der Straße, was passiert war. Nun kommt sie nach Hause. Der Mann, mit dem sie jetzt zusammenlebt, wartet schon in der Tür mit drohender Gebärde. „Wo kommst du her? Wo ist der Krug mit Wasser, das du holen wolltest? Taugst du nicht einmal dazu?"

Sie schaut ihn an, schaut ihn lange an:

„Wenn du wüsstest, wie unwichtig mir das alles geworden ist, worüber du dich aufregst."

Sie schlägt ihr Gewand noch einmal über Kopf und Schultern und geht, um Zwiesprache zu halten mit dem, von dem sie sich in einer Weise geliebt fühlt, wie sie es bisher nicht kannte …

Es ist eine Erzählung der Liebe, die zu sich selbst findet. Sie blickt aus nach dem, was – auch heute noch – in einer tiefen mensch-

lichen Begegnung als mystisches Erlebnis kometenhaft aufleuch-
ten mag: dass *Er* da ist!

3.7 Im Heute Gottes leben

Was ist Mystik? Die Frage haben wir uns bis jetzt aufgehoben,
obwohl sie immer wieder einmal unausgesprochen im Raume
stand.

So viel ist sicher schon deutlich geworden: Sie hat nichts zu
tun mit „Spiritismus" oder „Okkultismus", und „mystisch" heißt
auch nicht, dass jemand irrationales Zeug denkt und redet.

„Der Begriff Mystik meint im religionsgeschichtlichen Sinn
die das gewöhnliche Bewusstsein und die verstandesmäßige Erkenntnis übersteigende, unmittelbare Erfahrung der göttlichen
oder transzendenten Realität", formuliert Otger Steggink[91] und
hebt Mystik dadurch klar ab von allen Formen parapsychologi-
schen Erlebens.

Aber „gefüllt" wird der Begriff zweifellos erst, wenn wir auf ein
konkretes menschliches Leben blicken, darauf, wie dieses im
Denken und Handeln Gestalt gewinnt.[92]

Dieses Buch lebt aus der Überzeugung, dass Jesus nur verstanden werden kann, wenn er als Mystiker gesehen wird, und dass
ein Christentum nur Zukunft hat, wenn es – gemäß dem anfangs
zitierten Rahnerwort – selbst mystisch ist. Denn die Mystik Jesu
ist ja alles andere als eine private „Frömmigkeitshaltung". Sie ist
ganz und gar *Gabe* an den zutiefst verunsicherten und veräng-
stigten Menschen, der weithin unfähig ist, sich zu finden und zu
lieben.

Das mystischste der vier Evangelien, das nach Johannes, endet mit dem Wunsch an die LeserInnen: *„dass ihr glaubend Leben habt in seinem Namen."* *(Joh 20,31)* Es muss schon zu den frühen Erfahrungen der Gemeinden gehört haben, dass dort, wo Heil-sames geschah im Miteinander der Menschen, der *Name* Jesu eine entscheidende Rolle spielte. Diesen Namen zu sprechen oder auch nur zu denken war eine der Weisen, den Auferstandenen als gegenwärtig zu erleben. So formuliert schon der erste Bericht der Apostelgeschichte über die Heilung eines Lahmen durch die Apostel Petrus und Johannes:

> *Petrus sprach: „Silber und Gold habe ich nicht; was ich aber habe, gebe ich dir: im Namen Jesu Christi des Nazoräers, wandle!"*
> *(Apg 3,6)*

„Im Namen Jesu" also geschahen Heilungen und wurden die Schwachen und Rechtlosen, zum Beispiel die Kinder, aufgenommen.

Dabei machten die Gemeinden die Erfahrung, dass sie Jesus bei sich einließen, ja mit ihm Gott selbst:

> *„Wer eines von solchen Kindern in meinem Namen aufnimmt, der nimmt mich auf; und wer mich aufnimmt, der nimmt nicht mich auf, sondern den, der mich gesandt hat." (Mk 9,37)*

Dieser mystische Text geht zweifellos auf eine Erfahrung Jesu zurück, die das Johannesevangelium in der Schau des Auferstandenen am deutlichsten im so genannten „Hohenpriesterlichen Gebet" formuliert:

> *Ich habe deinen Namen den Menschen offenbart, die du mir aus der Welt gegeben hast …*
>
> *Bewahre sie in deinem Namen, die du mir gegeben hast, damit sie eins seien wie wir. Solange ich bei ihnen war, habe ich sie in deinem Namen bewahrt …*

Ich habe ihnen deinen Namen kundgetan und werde ihn wei-
terhin kundtun, damit die Liebe, mit der du mich geliebt hast,
in ihnen sei und ich in ihnen. (Joh 17,6.11–12.26)

Namensmystik ist also letztlich Liebesmystik: Im „Kundtun" des
Namens Gottes, des Vaters Jesu, geschieht das, was wohl die Mitte
des mystischen Erlebens ausmacht: *sich von Gott geliebt wissen!*

Sich-geliebt-wissen-Wollen ist das tiefste „Begehren" des
menschlichen Herzens.

Der Name aber, um den es geht, ist *Jesus* = Jeschuah, das heißt:
Gott ist Heil und Rettung. Das „Jesus-Gebet" aus der russischen
Mönchsmystik ist für viele Menschen zum Schlüssel ihres geist-
lichen Lebens geworden:

Das unablässige innerliche Jesusgebet ist das ununterbroche-
ne, unaufhörliche Anrufen des göttlichen Namens Jesu Christi
mit den Lippen, mit dem Geist und mit dem Herzen, wobei
man sich seine ständige Anwesenheit vorstellt und ihn um sein
Erbarmen bittet bei jeglichem Tun, allerorts, zu jeder Zeit, so-
gar im Schlaf. Es findet seinen Ausdruck in folgenden Worten:
Herr, Jesus Christus, erbarme dich meiner! Wenn sich nun ei-
ner an diese Anrufung gewöhnt, so wird er einen großen Trost
erfahren und das Bedürfnis haben, immer dieses Gebet zu ver-
richten, derart, dass er ohne dieses Gebet gar nicht mehr leben
kann, und es wird sich ganz von selber aus ihm lösen.[94]

Die Bedeutung des eigenen Namens als Ausdruck des Ge-
liebtwerdens von Gott innerlich zu erfahren ist ein Prozess der
Selbsterkenntnis, der auch Jesus nicht erspart blieb.

Auch dem historischen Jesus wurde diese Erkenntnis in Auseinandersetzung mit den Zuschreibungen der anderen zuteil,
wie uns eine Notiz aus den Evangelien verrät:

Unterwegs fragte er seine Jünger: „Für wen halten mich die Leu-
te?" Sie antworteten ihm: „Für Johannes den Täufer, andere für
Elija, wieder andere für sonst einen der Propheten." Da fragte
er sie: „Ihr aber, für wen haltet ihr mich?" (Mk 8,27–29)

Jesus, sonst einer der Propheten? Sein Name, wie er ihn gelebt hat, sagt mehr:

> *Denn ich sage euch: Viele Propheten und Könige sehnten sich, zu sehen, was ihr seht, und haben es nicht gesehen, und zu hören, was ihr hört, und haben es nicht gehört. (Lk 10, 24; Mt 13,17)*

Unser Begehren, so sagt dieser Text, zielt letztlich auf die Ankunft der Basileia in unserem Leben, sodass es heil (= ganz) werde.

3.72 Den heutigen Tag erleben

Es gibt keinen geistlichen Lehrer, der nicht mit Nachdruck darauf hinwiese, dass mystische Erfahrung immer das intensive Erleben des Augenblicks, des Heute, beinhaltet, während wir uns meistens mit Gedanken, Erinnerungen, Wünschen und Plänen uns in der Vergangenheit oder der Zukunft aufhalten. So aber kann uns das, was ist, jetzt ist, nicht zu einer wirklichen Erfahrung werden. Wir leben nicht, sondern werden gelebt: von den Gespenstern des Gestern und den Illusionen des Morgen. Und so wird auch unser Begehren irgendwie „utopisch", ortlos, weil es sich an Vergangenes hängt oder auf eine unwirkliche, weil fantasierte Zukunft richtet.

Oft ist es einfach die Angst, die uns hindert, das Heute zu leben: die Angst, wir selbst zu sein. Dann diktieren uns andere, was wir tun sollen und verhindern, dass wir unserer Auf-gabe gerecht werden, die uns zugedacht ist.

Jesus, der Mystiker, lebte sein Leben als Auftrag, seinen Namen in Wirklichkeit umzusetzen, und nichts konnte ihn davon abbringen.

Ein urchristliches Textstück, das aber durchaus Jesu Haltung treffend wiedergibt, hat das Lukasevangelium im 13. Kapitel bewahrt.

Darin warnen einige Pharisäer Jesus vor Herodes:

Mache dich auf und gehe fort von hier, denn Herodes will dich töten. Da sprach er zu ihnen: „Geht hin und sagt diesem Fuchs: Siehe, ich treibe Dämonen aus heute und morgen, und am dritten Tage werde ich vollendet. Doch heute und morgen und am folgenden Tage muss ich wandern …" (Lk 13,31–33)

Klammert man den sicher nachösterlichen Zusatz „am dritten Tag werde ich vollendet" ein, dann kommt sehr schön zum Ausdruck, wie Jesus sich von niemandem dazu zwingen lässt, sich und seine Aufgabe zu leben. Jede ängstliche Sorge um sich selbst wäre dabei nur ein Hindernis.

Von daher hat die frühe christliche Theologie, wie sie zum Beispiel im Matthäusevangelium greifbar ist, sicher zu Recht altes Weisheitsgut, das dazu auffordert, das ängstliche Sorgen aufzugeben und sich ganz in die Hand Gottes zu geben, Jesus als Weisung für die „Jünger" in den Mund gelegt:

Darum sage ich euch: Sorget euch nicht um euer Leben, was ihr essen werdet, noch um euren Leib, was ihr anziehen werdet. Ist nicht das Leben mehr als die Nahrung und der Leib mehr als das Kleid? Schaut auf die Vögel des Himmels: sie säen nicht, sie ernten nicht und sammeln nicht in Scheunen, und euer himmlischer Vater ernährt sie doch. Seid ihr nicht viel mehr wert als sie? Wer aber vermag mit seinen Sorgen seiner Lebenslänge eine einzige Elle hinzuzufügen? …

Sorget euch also nicht und sagt nicht: Was werden wir essen? oder: Was werden wir trinken? oder: Was werden wir anziehen? … Euer himmlischer Vater weiß ja, dass ihr das alles braucht. Suchet vielmehr zuerst das Reich und seine Gerechtigkeit, und all das wird euch dreingegeben werden. Sorget euch also nicht um den morgigen Tag, denn der morgige Tag wird für sich selber sorgen. Jeder Tag hat genug an seiner eigenen Plage. (Mt 6,25–27.31–34)

Sicher lassen sich zu diesem Text unschwer Parallelen in den Psalmen und den biblischen Weisheitsschriften finden. Aber erst vom Gottesbild Jesu her bekommen diese Sätze ihre Wahrheit und können nicht mehr vordergründig missverstanden werden. Denn nur für den Menschen, der die mystische Erfahrung Jesu teilt, dass da ein „himmlischer Vater" den Menschen kennt und liebend umfängt, ist nicht mehr die Sorge um den Lebensunterhalt – das Begehren als Haben-Müssen – der Motor seines Strebens und Mühens, sondern die Basileia (das „Reich Gottes"): *Sich wertvoll zu erleben in den Augen Gottes* (Mt 6,26) und sich nicht ängstlich zu bewahren, sondern sich den anderen mit-zu-teilen. So hat er gelebt, der Gott seinen Vater nannte.

3.73 Leidensmystik

Jesus, der Mystiker, hat den Tod erlitten, den Tod, den wir Menschen sterben müssen, früher oder später, vorbereitet oder plötzlich.

Zweifellos ist Jesus einen schrecklichen Tod gestorben, einen, den nur menschliche Grausamkeit und hasserfüllter Sadismus einem wehrlosen Opfer bereiten. Aber auch damit steht er nicht allein, sondern findet sich eingereiht in die unübersehbare Zahl der schon seit eh und je Gequälten, Gefolterten und Verachteten.

Der Mystiker Jesus im Leiden und am Kreuz in den Stunden qualvollen Sterbens: welch tiefes, unergründliches Schweigen legt sich doch über all das. Keines der in den Leidensgeschichten der Evangelien berichteten Worte hat er selbst gesprochen.[95]

Alle sind sie ihm von denen in den Mund gelegt worden, die versucht haben, das Unverständliche zu verstehen.

Und dennoch: Im Erleben des Auferstandenen geschah den Jüngern auch, dass er ihnen seine durchbohrten Hände und Füße zeigte (Lk 24, 39; Joh 20, 27). Und von daher fällt Licht auch in dieses tiefste Dunkel der Todesstunde und das Sterben.

Sie haben es verschieden ausgedrückt, als sie nach Sätzen suchten, die dieser Schau gerecht werden könnten: Er starb als der „Gerechte", der sich – scheinbar von Gott verlassen – in seinem Vertrauen auf diesen Gott nicht irre machen lässt. So drückt es der 22. Psalm, das jüdische Abendgebet, aus, das der Evangelist Markus Jesus sprechen lässt (15,34).

Dieses Vertrauen sieht eine andere Deutung klarer im Psalm 31 ausgedrückt:

Vater, in deine Hände empfehle ich meinen Geist. (Lk 23,46)

Es ist der *Beter* Jesus, der noch einmal in diesem Sterben in den Blick kommt. Und sein Gebet, im Inneren „gesprochen" mit den vertrauten Worten der Psalmen, ist zugleich ein durchdringender Schrei (Mk 15,37), der dem unsäglichen menschlichen Schmerz vor Gott sein Recht gibt.

Und doch ist auch dies noch nicht alles, was österliches Sehendürfen dem Leiden und Sterben Jesu entnehmen darf.

Denn die Leidensgeschichte enthüllt ja noch einmal das menschliche *Begehren* in einer Weise, die uns erschrecken lässt, und die uns doch gleichzeitig nicht fremd ist: die Aggression und das sexuelle Begehren als Sadismus, und das erotische Verschmelzenwollen mit dem geliebten „Objekt" in hemmungsloser Trauer.

Die Aggression, zu maßloser Wut gesteigert, begegnet in dem verbissenen Tötungswunsch der jüdischen Führungselite und dem von ihm aufgepeitschten „Volk" und findet in dem sadistischen Treiben der römischen Legionäre seine Darstellung: an dem nackten Körper des Wehrlosen darf sich das deutlich sexuell eingefärbte Verlangen nach Demütigung des anderen austoben.

Solchen Formen des Begehrens kann nicht mehr die verstehende Liebe entgegengestellt werden. Sie können nur noch erlitten werden, sich gleichsam totlaufen in der Erduldung des Opfers.

Anders verhält es sich mit der sich ungehemmt mit dem Leidenden identifizierenden Trauer. Von ihr ist in der lukanischen Darstellung die Rede:

Es folgte ihm aber eine große Menge des Volkes und Frauen, die ihn beklagten und beweinten. (Lk 23,27)

Die Doppelung, besonders aber das erste mit „beklagen" übersetzte Wort, deuten nicht nur die Maßlosigkeit, sondern auch eine Form von „Autoaggression", von Selbstzerfleischung, um des Geliebten willen an.

Denn das griechische Wort bedeutet wörtlich: „sich schlagen", und dann „heftig (be)trauern, wehklagen".

Dem aber stellt Jesus die Aufforderung entgegen, sich auf sich selbst zu besinnen und die Identifikation aufzugeben („*Weint nicht über mich, sondern über euch … "* [23,28]).

Christliche Frömmigkeit und auch Mystiker(innen) haben sich immer wieder in Leiden und Todesqual Jesu versenkt, um in „mystischer Einung" ihm gleich zu werden. Schon der Mystiker Paulus wollte seinem Herrn auf diese Weise nahe sein, Christi Leiden auf seinem von Peitschenhieben zerschundenen Leib tragen. Und Franz von Assisi ist nicht das einzige, aber vielleicht das bekannteste Beispiel dafür, dass die Wundmale des Gekreuzigten am Körper des mystisch Versenkten erschienen.

Solche Leidensmystik, die sicherlich schwierig einzuordnen und zu verstehen ist, darf allerdings nicht verwechselt werden mit irgendwelchen Formen von Leidensverherrlichung „im Namen Jesu" oder dem Ertragen von Demütigungen und Grausamkeiten als „Nachfolge Christi", wie sie im christlichen Raum jahrhundertelang besonders von unterdrückten und vergewaltigten Frauen praktiziert wurde. Dem schiebt der Text bei Lukas, der die Begegnung Jesu mit den weinenden Frauen berichtet, einen Riegel vor.

Auch das Mitleid der Frauen, bzw. des „Volkes" entbehrt nicht einer gewissen „voyeuristischen" Komponente, die in dem „Zuschauen" zum Ausdruck kommt, das Markus („*Frauen schauten von ferne zu*": 15,40) und Lukas (*"Und das Volk stand da und schaute zu*": 23,35; *"Es standen aber alle seine Bekannten von ferne, auch die Frauen ..., und sahen dies*": 23,49)) erwähnen. Denn entgegen den uns vertrauten Darstellungen des Gekreuzigten hing am Marterpfahl der nackte Körper eines jungen Mannes.

Daran ist nichts Anstößiges, weil diese Erotik eingebunden wird in ein Mitgefühl, das den Verschmelzungswunsch aufgegeben hat (*"von Ferne*"!: Mk 15,40; Lk 23,49)) und in die menschliche Sorge um den so grausam Getöteten einfließt (vgl. Lk 23,55–56).

Aber die österliche Schau des sterbenden Jesus lässt uns am Schluss noch einmal in das Herz des Mystikers Jesus blicken. Sie zeigt ihn uns in der lukanischen Darstellung end-gültig als Visionär:

(Einer der mit ihm gekreuzigten Verbrecher sagte zu ihm:)
"Jesus, gedenke meiner, wenn du in dein Reich kommst."
Und er sprach: "Wahrlich, ich sage dir: Heute noch wirst du mit mir im Paradies sein." (23, 42-43)

In diese Vision vom "Paradies", das – wie der Textzusammenhang zeigt – nur ein anderes Wort für die Basileia ist, nimmt der sterbende Jesus alle die hinein, die in ihrem Begehren in der Weise gescheitert sind, dass sie in ihrem Verlangen zu "Verbrechern" wurden.

Die Schau der Basileia, aus der heraus Jesus lebte, redete und handelte, wird so zum Rettungsanker für *jeden* Menschen. Endgültig zeigt sich, dass die Mystik Jesu, die in Leiden, Tod und Auferstehung ihre Vollendung findet, grenzenlose Liebe ist.

4. Ausblick

Wir sind zum Ende dieser Überlegungen gelangt und zugleich zu einem neuen Anfang, der sich als Frage aufdrängt, die etwa so lauten könnte:

Was bedeutet dies denn nun eigentlich für mich, der ich als Christ in der Nachfolge Jesu zu leben suche, dass Jesus als Mystiker begriffen werden will?

Vielleicht ist eine Antwort gelegentlich schon zwischen den Zeilen aufgetaucht, oder die LeserInnen haben sie sich selbst gegeben. Um sie in der nötigen Ausführlichkeit darzustellen, bedürfte es wohl einer eigenen Darstellung. Doch soll zumindest in Kürze eine Antwort versucht werden:

Jesus als Mystiker zu sehen bedeutet, aufzuhören, Nachfolge als moralischen Kraftakt zu verstehen, den Jesus verlangt. „Umkehr" als entscheidendes Moment dieser Nachfolge ist wirklich „Metanoia", Um-denken, wie es das Neue Testament nennt.

Es gilt, sich in die „Schau" Jesu hineinnehmen zu lassen, deren Mitte die Gewissheit ist, dass Gott dem von Angst und Zweifel zerrissenen Menschen zuspricht: *„Du bist mein geliebter Sohn, meine geliebte Tochter, an der ich mein Gefallen habe!"* Aus dieser Gewissheit, durch alle scheinbaren „Widerlegungen" der Alltagserfahrung hindurch, festzuhalten und aus ihr zu leben und zu handeln, das ist Nachfolge Jesu, des Mystikers:

Hierher zu mir alle, die ihr euch abmüht und belastet seid, ich werde euch ausruhen lassen. Nehmt mein Joch auf euch und lernt von mir, weil ich gelassen bin und demütig von Herzen, und ihr werdet Ruhe finden für eure Seelen. Denn mein Joch ist sanft und meine Last leicht. (Mt 11,28–30)

Könnte es eine bessere Zusammenfassung des Gemeinten geben als diese Sätze aus dem Matthäusevangelium?

Ja, das heißt es, Nachfolge des Mystikers Jesu zu leben: die unendliche Anstrengung, gut sein zu wollen (vor Gott, den anderen und sich selbst), aufzugeben, und endlich Ruhe, inneren Frieden zu finden in der Gewissheit, bedingungslos geliebt zu sein.

Nicht zufällig finden sich die obigen Worte im Anschluss an den „Jubelruf" Jesu, in dem er den Vater preist, weil er dem Sohn alles übergeben hat, den Sohn kennt wie sonst niemand (Mt 11,25–27).

Von Jesus zu lernen, wozu die oben zitierten Worte ausdrücklich auffordern, kann doch nur heißen, sich wie Jesus als Sohn und Tochter zu begreifen, verstehen zu lernen, dass niemand uns so kennt wie Gott.

Und „kennen" heißt in der biblischen Sprache zugleich „lieben".

Was die Nachfolge also „verlangt", ist, zu *lassen*, aufzuhören, die Lasten von versäumten Chancen und unerfüllter Hoffnungen, die Berge von Schuld und vergeblicher Anstrengung mit uns herumzutragen.

Es heißt auch, die Sicherungen zu lassen, die wir uns immer wieder aufbauen gegen die Angst, nichts wert zu sein und dem Tod schutzlos preisgegeben zu sein, die Sicherungen von Haben und immer mehr Wollen statt Sein, von Lebensrausch statt Lebensfreude.

Das ist schwer, viel schwerer als moralischer Perfektionismus oder „christlicher" Aktionismus, mit dem wir uns scheinbar Lorbeeren für das ewige Leben verdienen. Und deshalb dürfen wir uns die „Ruhe" des Mystikers Jesus schenken lassen und sein Joch auf uns nehmen: die uns gestellte Lebensaufgabe im Vertrauen auf seine Erfahrung Gottes als des unbedingt liebenden *Vaters*, die er uns schenken will, beherzt auf uns zu nehmen – in aller Demut, mit allem Dienmut!

Wenn wir das so sehen dürfen, dann wird aber auch noch eine andere Sorge überflüssig, die gerade den ernsthaft suchenden

Christen plagt: die Sorge, welche der Worte und Sätze in den Evangelien denn nun wirklich Jesu Worte sind und welche nicht.

Es ist ja meistens die Angst, die manche Worte in Großbuchstaben an die Wand malt wie ein Menetekel, die Angst, dem nicht gerecht werden zu können, was da verlangt wird oder vor Gott nicht zu bestehen.

Wenn wir die Evangelien von der Mitte her lesen, und das ist der Mystiker Jesus, dann ist der Streit um die „Authentizität" von Jesus- Worten müßig, überflüssig.

Wenn wir verstehen, dass die Texte des Neuen Testaments selbst mystische Erfahrungen mit dem Auferstandenen zur Grundlage haben, und dass diese in zeitbedingter Form und auf dem Hintergrund damaliger Fragen und Probleme Wort und Schrift wurden, dann werden wir eher ermutigt, selbst Erfahrungen mit Jesus zu machen: im Schweigen uns auszuhalten und *Ihm* hinzuhalten, auf die innere Stimme zu lauschen und nicht auf den Meinungsstreit von Fachtheologen.

Dann werden wir uns aufmachen, um im Alltag und seinen vielfältigen Begegnungen und Herausforderungen Zeichen der nahe gekommenen Basileia zu entdecken, in dem, was wir umsonst an Liebe und Aufmerksamkeit geschenkt bekommen, und in dem, was wir jetzt geben können. Nicht zuletzt kann dann die schmerzliche Erfahrung unserer Grenzen in Krankheit und Tod aufhören, nur noch Angst zu machen und uns verzweifelt dagegen aufbegehren zu lassen. Es mag dann eine begründete Hoffnung in uns Raum gewinnen, dass der Gekreuzigte und Auferstandene uns an der Hand nimmt und hindurchführt durch das scheinbar undurchdringliche Dunkel zum Licht, zum *Leben*.

Anmerkungen

[1] Fritjof Capra/David Steindl-Rast, Wendezeit im Christentum. Perspektiven für eine aufgeklärte Theologie, München 1993 (dtv), S. 85

[2] Eugen Biser, Einweisung ins Christentum, Düsseldorf 1997

[3] So der Titel eines programmatischen Entwurfs für die Spiritualität des Geistlichen Zentrums Sasbach(Baden), damals noch Neusatzeck, den sein Begründer und geistlicher Leiter Dr. Joseph Sauer 1980 veröffentlichte. In ihr stellt er konsequent Jesus Christus als den „wahren Weg der Mystagogie" heraus, indem der den Weg Jesu in Gehorsam, Armut und in der Überlassung zum Maßstab machte.

[4] Franz Buggle, Denn sie wissen nicht, was sie glauben. Oder warum man redlicherweise nicht mehr Christ sein kann. Eine Streitschrift, Reinbek 1992

[5] Helmut Jaschke, Dunkle Gottesbilder. Therapeutische Wege der Heilung, Freiburg 1992

[6] Erich Zenger, Am Fuße des Sinai, Düsseldorf ²1994, S. 27

[7] Vgl. z.B. Anton A. Bucher, Bibel-Psychologie. Psychologische Zugänge zu biblischen Texten, Stuttgart 1992

[8] Buggle, aaO., S. 97 ff. ("Die Lehre des Jesus der synoptischen Evangelien von den ewigen Höllenstrafen")

[9] Eugen Biser, Einweisung ins Christentum, Düsseldorf 1997

[10] Augustinus, Confessiones/Bekenntnisse, übers. von Joseph Bernhart, München ²1960, S. 295

[11] Gotthard Fuchs, Gerichtsverlust. Von der christlichen Kunst, sich recht ängstigen zu lernen, in: Katechetische Blätter 120(1995), S. 160–168

[12] Vgl. dazu: Helmut Jaschke, Und sie gingen traurig weg. Warum Menschen nicht glauben können, Mainz 1997

[13] Robert Descharnes/Gilles Néret, Salvador Dali, Köln 1997, 12–13

[14] Pali-Kanon, zit. nach Helmuth v. Glasenapp, Der Pfad der Erleuchtung, Düsseldorf/Köln 1956, 27 f.

[15] Dazu z.B.: Norbert Lohfink, Höre Israel! Auslegung von Texten aus dem Buch Deuteronomium, Düsseldorf 1965

[16] Lorenz Dürr, Das Erziehungswesen im Alten Testament und im antiken Orient, Leipzig 1932, S. 21

[17] Dürr, aaO., S. 71–72

[18] Vgl. dazu: Helmut Jaschke, Böse Kinder – böse Eltern? Erziehung zwischen Ohnmacht und Gewalt, Mainz 1990, S. 68–73

[19] ÄthHen 98 – 103; zitiert nach: Ludger Schenke, Die Urgemeinde, Stuttgart 1990, S. 51–52

[20] Paul Billerbeck, Kommentar zum Neuen Testament aus Talmud und Midrasch, Bd. 4, München ⁴1965, S.466 (Zitat) mit ausführlichen Belegen S. 466ff. Die folgende Darstellung folgt im wesentlichen Billerbeck.

[21] Billerbeck, aaO., S. 468

[22] Billerbeck, Kommentar Bd. 3, S. 95

[23] Billerbeck, Kommentar Bd.4, S. 480

[24] Sigmund Freud, Der Mann Moses und die monotheistische Religion, Frankfurt 1975 (Fischer Tb 6300), S. 115

[25] S. Freud, aaO., S. 118-119

[26] S.Freud, aaO., S. 121

[27] Augustinus, Confessiones/Bekenntnisse, übers. von Joseph Bernhart, München ²1960, S. 295

[28] Sigmund Freud, Der Mann Moses und die monotheistische Religion, Frankfurt 1975 (Fischer TB 6300)

[29] Zum Folgenden vgl. Matthias Klinghardt, Sünde und Gericht bei Paulus, in: Zeitschrift für die neutestamentliche Wissenschaft 88 (1997), S. 56–80

[30] Dirk U. Rottzoll, Die Schöpfungs- und Fallerzählung in Gen 2 f. Teil 1: Die Fallerzählung (Gen 3), in: Zeitschrift f. d. alttestamentl. Wissenschaft 109 (1997), S. 481–499

[31] Eine interessante Parallele findet sich in der ersten Tafel des berühmten babylonischen Gilgamesch-Epos, in dem Enkidu, eine Art „Tier-Mensch", durch den Umgang mit einer Dirne menschlich wird: „Als er von ihrem Genusse satt war, ... wich von seinem Leib das Wild der Steppe. ... Die Dirne sprach zu ... Enkidu: ‚Weise bist du (geworden), bist wie ein Gott (geworden)." (Rottzoll, aaO., S.489)

[32] Rottzoll, aaO., S. 490-91

[33] E. Drewermann, Strukturen des Bösen I -III, Paderborn, 1978-79

[34] Im kanaanäischen Kult war z.B. das Strafwort über Eva (Gen 3,16) eine Segensformel: „Vielmachen werde ich ... deine Schwangerschaften, ... du sollst Kinder gebären." (Rottzoll, aaO., S. 492 ff., bes. 498

[35] Zuletzt: Einübung im Christentum, Düsseldorf 1997, wobei Biser allerdings – wie er mir brieflich mitteilte – es ablehnt, Jesus selbst als Mystiker zu sehen.

[36] Marius Reiser, Die Gerichtspredigt Jesu. Eine Untersuchung zur eschatologischen Verkündigung Jesu und ihrem frühjüdischen Hintergrund, Münster 1990 (Neutestamentliche Abhandlungen, Neue Folge 23)

[37] Reiser, aaO. S. 241

[38] Reiser, aaO. S. 133. Er zitiert W. Bousset/H.Gressmann, Die Religion des Judentums im späthellenistischen Zeitalter, Tübingen, ⁴1966, S. 202: „Befolgung des Gesetzes und Erwartung des Gerichts ist, wenn man es kurz umschreiben will, die Summe der jüdischen Frömmigkeit."

[39] Ausführlich dazu: Ludger Schenke, Die Urgemeinde. Geschichtliche und theologische Entwicklung, Stuttgart 1990

[40] Reiser, S. 306

[41] Vgl. dazu neuerdings: Walter Schmithals, Vom Ursprung der synoptischen Tradition, in: Zeitschr. f. Theologie und Kirche 94(1997), S. 288–316

[42] Walter Simonis, Jesus von Nazareth. Seine Botschaft vom Reich Gottes und der Glaube der Urgemeinde. Historisch-kritische Erhellung der Ursprünge des Christentums, Düsseldorf 1985, S. 160.
Ich kenne keine Darstellung, die überzeugender und mit äußerster wissenschaftlicher Akribie den Nachweis führt, dass nur ein minimaler Bruchteil der Evangelienüberlieferung auf den historischen Jesus selbst zurückgeführt werden kann.

[43] Georg Baudler, Jesus im Spiegel seiner Gleichnisse. Das erzählerische Lebenswerk Jesu – ein Zugang zum Glauben, Stuttgart/München ²1988, S.185

[44] Anton Vögtle, Gott und seine Gäste. Das Schicksal des Gleichnisses Jesu vom großen Gastmahl, Neukirchen-Vluyn 1996 (=Bibl.-theol. Studien 29), S. 46. Obwohl Vögtle keinen Zweifel daran lässt, dass das Gleichnis in der vorliegenden Form auf Lukas, bzw. Matthäus zurückgeht, plädiert er doch für eine „Urfassung" Jesu, die bereits das Drohwort an Israel enthielt, es werde vom Reich Gottes ausgesperrt bleiben. Diese Auffassung, dass Jesus seine Verkündigung durch Drohungen unterstrichen habe, ist aber aus der Exegese des Gleichnisses nicht mehr zu erheben. Hier ist eine grundsätzliche Stellungnahme notwendig. Vögtle argumentiert nun einmal damit, dass Jesus von Zwist und Spaltung unter den Menschen infolge seiner Botschaft gesprochen habe (z.B.: „Wer nicht Vater, Mutter, Sohn und Tochter hasst, kann nicht mein Jünger sein." [Lk 14,26/Mt 10,37]): „Wer derart radikale Forderungen stellt, kann sich unmöglich mit der ihm widerfahrenden Ablehnung abfinden." (S. 30). Aber ist diese Schlussfolgerung logisch oder gar zwingend? Ganz sicher nicht. Für das zweite Argument stützt er sich nun u.a. auf Reiser, Gerichtspredigt, ohne dessen Exegese kritisch zu würdigen: „Die zahlreichen Gleichnisse und Worte, mit denen Jesus den sich seinem Heilsangebot Verweigernden als unerbittliche Konsequenz das strafende Gericht Gottes angedroht hat, bekunden auch den leidenschaftlichen Ernst, mit dem Jesus die Israeliten beschwor, das Heil der Gottesherrschaft doch nicht zu verscherzen." (ebd.)
M.E. müssen wir aber mit W. Simonis davon ausgehen, dass die Gewinnung Israels (als Kollektiv) nicht in der Intention Jesu lag, sondern bereits die urchristliche Missionstätigkeit voraussetzt.

[45] O. Steggink, Art. Mystik, in: Chr. Schätz (Hg.), Praktisches Lexikon der Spiritualiät, Freiburg 1988, S. 906

[46] W. Schmidthals, Vom Ursprung der synoptischen Tradition: Z.f.Theologie und Kirche 94(1997) S. 288–316

[47] Henri I. M. Nouwen, Ich hörte auf die Stille, Freiburg 1978, S. 132

[48] Das Folgende verdanke ich zum großen Teil dem ausgezeichneten Buch von Walter Simonis, Jesus von Nazareth. Seine Botschaft vom Reiche Gottes und der Glaube der Urgemeinde. Historisch-kritische Erhellung der Ursprünge des Christentums, Düsseldorf 1985. Zum Differenzprinzip besonders S.22 ff.

[49] Neben der monumentalen Darstellung von Klaus Berger (Theologiegeschichte des Urchristentums. Theologie des Neuen Testaments, Tübingen/Basel 1994) ist vor allem zu nennen: Ludger Schenke, Die

Urgemeinde. Geschichtliche und theologische Entwicklung, Stutt-
gart/Berlin/Köln 1990, der offenbar unabhängig von Simonis zu ähn-
lichen Ergebnissen kommt.

50 Simonis, aaO., S. 223
51 Simonis, aaO., S. 251. Und er ergänzt zur „Traditionslosigkeit" Jesu
    Folgendes, was mir mitteilenswert erscheint und was ich nur unter-
    streichen kann:
    „Es fehlt auch der Gedanke, der doch durch die große Prophetie be-
    reitgestellt war, dass jetzt sich alte Verheißungen erfüllen würden. Nir-
    gendwo lassen die Basileia-Gleichnisse erkennen, dass Jesus das jet-
    zige Herrschen Gottes als Erfüllung des alten Bundes oder als einen
    den alten Bund überbietenden neuen Bund verstanden hätte. Ja, man
    wird wohl sagen dürfen, die nachösterliche Theologie hätte wahr-
    scheinlich anders ausgesehen, wenn ihr auch nur ein authentisches
    Jesuswort zur Verfügung gestanden hätte, welches in diese Richtung
    gewiesen hätte. Dem Fehlen einer Bezugnahme auf die Vergangen-
    heit und damit der Zuordnung des Auftretens Jesu und des von ihm
    Verkündeten zu so etwas wie einer Heilsgeschichte korrespondiert
    weiter das Fehlen des Themas ,Israel'. Jesus wendet sich nicht an ,Is-
    rael', diese Größe hat in den Authentica keinen Raum; er wendet sich
    nicht an das ,Volk' als theologisch oder heilsgeschichtlich bedeuten-
    de Größe, sondern an das konkrete Volk i. S. der Leute, die ihm eben
    begegneten." (S. 251–252)
52 Klaus Berger, Wer war Jesus wirklich?, Stuttgart 1995, S. 11
53 „Der Schrecken des Sinai, das strenge Antlitz aller Gottesmänner wird
    zu der ekstatischen, alles andere vergessenmachenden Aussage, dass
    Jesus geliebt ist und Sohn." (Berger, aaO., S. 12)
    Wie Berger nach dieser fundamentalen Einsicht sich dennoch beharr-
    lich weigert, die Gerichts- und Drohworte der neutestamentlichen
    Verkündigung Jesu als sekundär anzusehen, kann ich nicht nachvoll-
    ziehen. Um den „ganzen Jesus" in allen Texten der vier Evangelien zu
    finden, muss er das Widersprüchliche und Gegensätzliche in die Per-
    son Jesu selbst verlegen (S. 19 ff.) Aber ob das die bessere Lösung ist?
54 Berger, aaO., S. 10
55 Berger, aaO., S. 13
56 Das scheint mir auch der Kern des sogenannten Messiasgeheimnisses
    im Markusevangelium zu sein, das eigentlich „Sohn-Gottes-Geheim-
    nis" heißen müsste: Vor Ostern konnte die tiefste Wurzel des Wirkens
    Jesu nicht erkannt werden; erst im Lichte der Ostererfahrungen wur-
    de sie den Zeugen zuteil.
57 Mit Recht stellt Schalom Ben-Chorin fest: „Jesus war *kein Prophet* im
    Sinne der alttestamentlichen Prophetie." (Bruder Jesus. Der Naza-
    rener in jüdischer Sicht, München 9. Aufl. 1986, S. 13). Allerdings dürfte
    die Kennzeichnung Jesu als Gesetzeslehrer (aaO., S. 14) nicht zutref-
    fen.
58 Die einschlägigen Textstellen sind zusammengetragen bei P.
    Billerbeck, Kommentar zum Neuen Testament aus Talmud und
    Midrasch, Bd. 1, München ²1956, S. 136-149; G. von Rad/Foerster, Ar-

tikel διαβολος im Theologischen Wörterbuch zum Neuen Testament (ThWNT) II, Stuttgart 1935, S.69–80; Foerster, Art. σατανας im ThWNT VII, Stuttgart 1964, S. 151–164

[59] Foerster, ThWNT II, S.75

[60] Billerbeck, aaO., S.144

[61] Damask. 16,4 f.; Foerster, ThWNT II, S.76, A. 36

[62] Ex r 31, 1 zu 22,24; Foerster, ThWNT II, S. 76, A. 37

[63] Billerbeck I, S.136; Foerster, ThWNT II, S. 78

[64] Dazu sei auf die bereits genannten Darstellungen verwiesen. Mit Recht urteilt Foerster zusammenfassend: „Die jüdische Gedankenwelt wird in den Synoptikern ebenso deutlich, wie sie andererseits grundsätzlich überschritten ist. (ThWNT VII, S. 161)

[65] Gershom Scholem, Die jüdische Mystik in ihren Hauptströmungen, Frankfurt 1980 (stw 330), S. 47

[66] G. Scholem, aaO., S. 59

[67] Die Texte werden zitiert nach Paul Riessler, Altjüdisches Schrifttum außerhalb der Bibel, Freiburg/Heidelberg ⁴1979

[68] G. Scholem, aaO., S. 61

[69] Vgl. Martin Buber, Die Erzählungen der Chassidim, Zürich 1949, aaO. S. 21 f.

[70] vgl. G.Scholem, aaO., S. 61 ff.

[71] Franz Kogler, Das Doppelgleichnis vom Senfkorn und vom Sauerteig in seiner traditionsgeschichtlichen Entwicklung. Zur Reich-Gottes-Vorstellung Jesu und ihren Aktualisierungen in der Urkirche, Würzburg 1988

[72] Vgl. Kogler, aaO., S. 58

[73] Scholem, aaO., S. 109 ff.

[74] Oder wie Walter Simonis treffend bemerkt: „Jesus holt gleichsam Gott aus dem Himmel auf die Erde, ohne doch aus Gott und seiner Herrschaft einen Götzen zu machen." (Jesus von Nazareth, aaO. S. 267).

[75] Simonis, aaO., S. 267

[76] „Der Gott, den Jesus verkündet, steht ebenso gegen religiöses Empfinden, für das Gott der ganz andere, erhabene und weltüberlegene Herr sein muss, wie gegen philosophisches Denken, für das Gott der unbekannte, unausdenkbare und doch zu denkende Inbegriff von Wirklichsein überhaupt ist. Der von Jesus verkündete Gott ist der nochmals andere: In seinem ‚Wesen' ist sowohl das religiös Empfundene als auch das philosophisch zu Denkende aufgehoben (im dreifachen Sinne des Wortes ‚aufheben': bewahren, negieren und hinaufheben), dadurch nämlich, dass er als Gott so ist und herrscht, wie Jesus es erläutert und gelebt hat." (Simonis, aaO., S. 268)

[77] Vor allem in seinem 1958 in Paris erschienenen Buch „Devant l'Illusion et l'Angoisse". Eine deutsche Übersetzung unter dem Titel „Zwischen Angst und Illusion. Christliche Existenz in tiefenpsychologischer Sicht" erschien 1960 bei Herder in Freiburg (übersetzt von Eva Feichtinger)

[78] Vgl. Simonis, aaO., S. 224. Auch Klaus Berger gibt zu bedenken, dass neutestamentliche Texte mit „Machtlösungen" dringend kritisch verstanden werden sollten:

„Die Begegnung mit dem Exorzisten ist im Neuen Testament eine punktuell zugespitzte Machtlösung … Heute dagegen wird der Kranke nicht als Träger übermenschlicher Macht erfahren, sondern als ‚arm‘, eigentlich schwach und kraftlos … . An die Stelle des Brechens der Macht (Neues Testament) ist die helfende Freundlichkeit getreten". (Historische Psychologie des Neuen Testaments, Stuttgart 1991, S. 73-74).
Man darf wohl mit Recht fragen, ob Jesus der heutigen Zeit an Menschenfreundlichkeit zurückstand?. Dass allerdings die Urkirche und ihre Praxis eher an die „altertümliche Pädagogik" erinnert, die „in allen jugendlichen Regungen den ‚Trotz, der zu brechen‘ war, sah (Berger, aaO., S. 74, Anm. 20) ist auch kein Zufall.

[79] Lukas benutzt das Wort freilich wieder, um seinen HörerInnen und LeserInnen Angst einzujagen, indem er Jesus hinzufügen lässt: „ … doch wenn ihr nicht umkehrt, werdet ihr alle auf gleiche Weise umkommen." (Lk 13,3 und 5) Sollte ihm schlicht dabei entgangen sein, dass er das Jesuswort durch diese Zusätze verfälscht? Denn seine Warnung setzt ja voraus, dass die Getöteten und Erschlagenen umkamen, weil sie „nicht umgekehrt" waren!

[80] Zusammenfassend: Peter Fiedler, Sünde und Sündenvergebung in der Jesustradition, in: Hubert Frankemölle (Hg.), Sünde und Erlösung im Neuen Testament, Freiburg 1996 (Quaestiones Disputatae 161), S. 76–91: „Historisch zu sichern scheinen mir davon allein … der Vorwurf des ‚Zöllnerfreundes‘ – als Reflex der Offenheit Jesu für dieserart Menschen – und das Bildwort von den Kranken zu sein, die den Arzt brauchen. Bei den Erzählüberlieferungen, als deren historischer Ansatzpunkt Jesu Zuwendung zu und Offenheit für einzelne (!) Zöllner oder Dirnen genügt, ist durchgehend nachösterliche Bildung anzunehmen – …" (S. 83)

[81] Fiedler nennt die Perikope eine „lk Nachbildung" von Mk 2,1–12 (aaO., S. 86)

[82] Der Begriff „Mystagogie" hat eine eigene Geschichte, die bei den antiken Mysterienreligionen beginnt, im frühen Christentum als Hinführung zu den Sakramenten (besonders Taufe und Eucharistie) erscheint und neuzeitlich vor allem von Karl Rahner wiederbelebt wurde, der ihn zur Leitidee für die Hinführung zur Gotteserfahrung in der menschlichen Existenz verwandte. In letzter Zeit wird er in diesem Sinn mit verschiedenen Akzentuierungen für die Religionspädagogik verwendet. (Vgl. dazu: A. Wollbold u. W. Simon: Art. „Mystagogie" im Lexikon f. Theologie und Kirche Bd. 7, Freiburg 1998, Sp 570-572)

[83] Diesen Aspekt stellt sehr gut Jürgen Werbick heraus (Die biblische Rede von Sünde und Erlösung im Horizont der Grunderfahrungen des modernen Menschen, in: H. Frankemölle (Hrsg.), Sünde und Erlösung im Neuen Testament, Freiburg 1996 (Quaestiones Disputatae 161))

[84] Vgl. dazu: Rudolf Pesch, Über das Wunder der Brotvermehrung oder Gibt es eine Lösung für den Hunger in der Welt?, Frankfurt 1995

[85] Das zeigt schon der Eingangssatz Joh 2,1: *„Und am dritten Tage fand eine Hochzeit statt …".*
M.E. kann kein Zweifel bestehen, dass diese Zeitangabe wie der ganze Text symbolisch zu verstehen ist. Der „dritte Tag" aber ist der Tag der Auferstehung.

[86] Vgl. dazu auch: Helmut Jaschke, Der Heiler. Psychotherapie aus dem Neuen Testament, Freiburg 1995, S. 131 ff, (5. Frausein – Mannsein)

[87] Das wird noch deutlicher, wenn wir sehen, wie die Evangelisten Matthäus und Lukas diese „Heilungsgeschichte" bereits verändern: Matthäus lässt Jesus die Schwiegernmutter gleich selbst fiebernd sehen (es widerspricht seinem Jesusbild, dass andere es ihm sagen müssen) und dann nur ihre Hand berühren. Danach richtet sie sich selbst auf (Mt 8, 14–15). Bei Lukas wurde aus der Szene eine Dämonenaustreibung: „Und er trat zu ihren Häupten, drohte dem Fieber, und es verließ sie. Sofort aber stand sie auf …" (Lk 4,39). Hier ist endgültig jede Zärtlichkeit einer Jesusbegegnung getilgt.

[88] „Der Fuß ist ein uraltes sexuelles Symbol, schon im Mythus", schreibt S. Freud (Drei Abhandlungen zur Sexualtheorie: Studienausgabe Bd. V, Frankfurt 1972 S. 65).
Vgl. auch mit weiteren Stellenangaben aus Freuds Werk: Eugen Drewermann, Tiefenpsychologie und Exegese Bd. II, S. 384. Doch auch das Alte Testament kennt diese „Verschiebung": Wenn in Jes 6,2 die Seraphim mit zwei Flügeln die „Füße" bedecken, sind natürlich die Geschlechtsteile gemeint.

[89] Vgl. dazu den „Klassiker" von Hanna Wolff, Jesus der Mann, Stuttgart 1975

[90] Vgl. dazu: Helmut Jaschke, Gott Vater? Wiederentdeckung eines zerstörten Symbols, Mainz 1997

[91] „Le terrible, c'est qu'on ne peut jamais se griser suffisamment". Journal 1889–1939, Paris 1948, S. 89; dt. Übersetzung: Tagebuch 1889–1939, Bd. I, Stuttgart 1950, S. 105; zitiert nach: J. Pieper, Glück und Kontemplation, München 1962, S. 13

[92] Art. „Mystik", in: Christian Schütz (Hg.), Praktisches Lexikon der Spiritualität, Freiburg 1988, Sp. 906

[93] Der von Gerhard Ruhbach und Josef Sudbrack herausgegebene Band „Christliche Mystik. Texte aus zwei Jahrtausenden", München 1989 bietet eine imponierende Palette von Mystikern. Jesus fehlt.

[94] Aufrichtige Erzählungen eines russischen Pilgers, hrsg. von Reinhold von Walter, Freiburg 1959, S. 19

[95] Das ergibt sich schon daraus, dass beim Prozess gegen Jesus sicher keiner der AnhängerInnen Jesu anwesend war. Schon gar nicht kam in Frage, dass jemand von ihnen bei der Hinrichtung am Kreuz dabei war, um Jesu Worte verstehen zu können. Dass es sich bei der in Joh 19, 25–27 geschilderten Szene (Jesu Mutter, weitere Frauen und der Jünger unter dem Kreuz) nicht um eine historische Begebenheit handelt, zeigen schon die Joh 19,30 erwähnten letzten Worte Jesu („Es ist vollbracht"), die von den bei Markus/Matthäus und Lukas berichteten völlig abweichen.

Können wir Gott „Vater" nennen?

Helmut Jaschke
Gott Vater?
Wiederentdeckung eines
zerstörten Symbols
200 Seiten. Kartoniert
ISBN 3-7867-2051-7

Trotz aller Anfragen an das traditionelle Vaterbild wird in der Verkündigung nach wie vor unreflektiert von Gott als Vater geredet. Doch dieses Symbol ist für viele Menschen leer und unverständlich geworden. Durch einen vorurteilsfreien, spirituellen und therapeutischen Zugang gelingt es dem Autor, ein altes Symbol und seine Bedeutung für unser Leben wiederzuentdecken.

Matthias-Grünewald-Verlag · Mainz